Alexander Wirminghaus

Zwei spanische Merkantilisten

Gerónimo de Uztariz und Bernardo de Ulloa

Alexander Wirminghaus

Zwei spanische Merkantilisten
Gerónimo de Uztariz und Bernardo de Ulloa

ISBN/EAN: 9783743357754

Hergestellt in Europa, USA, Kanada, Australien, Japan

Cover: Foto ©Suzi / pixelio.de

Manufactured and distributed by brebook publishing software
(www.brebook.com)

Alexander Wirminghaus

Zwei spanische Merkantilisten

ZWEI

SPANISCHE MERKANTILISTEN.

(GERÓNIMO DE UZTARIZ und BERNARDO DE ULLOA.)

EIN BEITRAG

ZUR

GESCHICHTE DER NATIONALÖKONOMIE

VON

Dr. ALEXANDER WIRMINGHAUS.

JENA,

VERLAG VON GUSTAV FISCHER.

1886.

Inhalt.

XIII

Während die charakteristischen Eigentümlichkeiten des Merkantilsystems, soweit sie von den italienischen, französischen, englischen und deutschen Schriftstellern des 17. und 18. Jahrhunderts ausgebildet wurden, schon mehrfach zum Gegenstande eingehender Untersuchungen gemacht sind, ist den spanischen Merkantilisten eine solche Beachtung bisher nicht zu theil geworden, und nur vorübergehend finden wir sie da citiert, wo es sich um die Darlegung speziell spanischer Wirtschaftsverhältnisse handelt. Erwägt man aber, von wie grofsem Einflusse gerade die letzteren auf die ökonomische Lage des übrigen Europa in den Jahrhunderten nach der Entdeckung Amerikas gewesen sind, so wird man gestehen müssen, dafs auch die Spanier, welche in ihren Schriften die damaligen wirtschaftlichen Zustände ihres Vaterlandes beschrieben und Vorschläge zur Verbesserung derselben gemacht haben, ein gewisses Interesse beanspruchen dürfen, und nur die relative Neuheit national-ökonomisch-historischer Untersuchungen überhaupt macht es erklärlich, dafs jenes Gebiet bisher noch nicht genauer erforscht worden ist.

Wir möchten im Folgenden in der Weise eine Anregung zur Ausfüllung jener Lücke geben, dafs wir aus der nicht geringen Zahl spanischer Merkantilisten zwei der bekanntesten, nämlich Gerónimo de Uztariz und Bernardo de Ulloa, welche in mehr als einer Hinsicht zusammengehören, herausgreifen, um ihre volkswirtschaftlichen Ansichten und Reformprojekte zur Darstellung zu bringen.

Wir haben die genannten Nationalökonomen als Merkantilisten bezeichnet. Der Hinweis auf eine spätere Behandlung ihrer Theorieen würde eine solche vorgreifende Bezeichnung nur dann rechtfertigen, wenn der Begriff des Merkantilisten und des Merkantilsystems einigermafsen feststünde. Doch schon ein flüchtiger Überblick über die verschiedenen Auffassungen, welche jene Wirtschaftsrichtung in der Wissenschaft bisher erfahren hat [1]), belehrt uns, dafs dieselben so bedeutend voneinander abweichen, dafs es schwer ist, auf Grund derselben zu einer allseitig befriedigenden Charakteristik der merkantilistischen Lehrmeinungen zu gelangen. Eine solche würde aber unserer Untersuchung um so eher vorauszugehen haben, als sie uns

---

[1]) Eine Zusammenstellung der verschiedenen Anschauungen über den Merkantilismus findet sich bei Bidermann „Über den Merkantilismus." Vortrag. Innsbruck 1870, auf welche wir hiermit verweisen.

IV. 2.

1

12

erst die Mittel zur richtigen Würdigung der persönlichen Anschau
ungen unserer beiden Autoren an die Hand gibt. Bis auf die neueste Zeit hin wurde die merkantilistische Theori
und Praxis im allgemeinen sehr ungünstig beurteilt. Adam Smith
vor allem macht dem System den Vorwurf, daſs es ein Land scho
dann für reich halte, wenn es möglichst viel Gold und Silber auf
gehäuft habe, so daſs in den Augen des Merkantilisten „the grea
affair is to get money". Auch W. Roscher [2]) weiſs im ganzen weni
Günstiges von jener Wirtschaftsrichtung zu sagen: Überschätzun
der Volkszahl und ihrer Dichtigkeit, Überschätzung der Geldmeng
indem man dem Gelde zuschrieb, was die heutige Wissenschaft vor
Kapital aussagt, Überschätzung des auswärtigen Handels und de
Verarbeitungsgewerbe gegenüber den Gewerben der Rohproduktio
und endlich Überschätzung der Staatsthätigkeit, welche die Erreichun
aller ersehnten Ziele künstlich fördern sollte. Anderseits mach
derselbe doch auch darauf aufmerksam, daſs die merkantilistische
Theorieen nicht blofs auf Irrtum beruhten, sondern Forderunge
waren, die einem wirklichen Bedürfnis entsprachen, und selbst da
wo unleugbare Irrtümer hervortraten, war es doch mehr „die Ver
wirrung eines Menschen, dessen Gesichtskreis plötzlich weiter wird
und der nun die Menge der auf ihn eindringenden neuen Vor
stellungen nicht sofort bemeistern kann". — An Roscher schliefse
sich im wesentlichen an die Nationalökonomen: B. Hildebrand [3]
A. Held [4]) und J. Kautz [5]), während A. Blanqui [6]) in seiner Ver
urteilung des Merkantilsystems so weit geht, zu behaupten, sein
Anmaſsung sei die, immer zu verkaufen ohne je zu kaufen; da
selbe stamme nicht von Colbert, sondern sei ein Werk des Kaiser
Karl V. Dieser findet bei Blanqui die härteste Beurteilung; sein
Wirtschaftspolitik habe am meisten dazu beigetragen, über di
Welt die gräſsliche Plage des Pauperismus zu bringen.

Gegenüber solchen Ansichten, wie sie von den liberalen Nationa

---

[1]) Vergl. s. Werk „Wealth of Nations", Buch IV Kap. 1.

[2]) Vergl. Geschichte der Nationalökonomik in Deutschland München, 187
S. 228 ff. und Nationalökonomik des Handels und Gewerbfleifses 3. Aufl. Stut
gart, 1882. § 34.

[3]) Nationalökonomie der Gegenwart und Zukunft, Frankfurt 1848, S. 7 ff.

[4]) Careys Sozialwissenschaft und das Merkantilsystem, Würzburg 1866, I. Buc

[5]) Theorie und Geschichte der Nationalökonomie, Leipzig 1858 u. 186
Teil II Buch 3 Kap. 2 S. 243 ff.

[6]) Gesch. der politischen Ökonomie in Europa, übersetzt von Bufs, Karlsrul
1840. Kap. 26 ff.

ökonomen vertreten werden, die in dieser Beziehung von Einseitig
keiten nicht frei sind, ist es Bidermann, der in seiner schon ge
nannten Schrift darauf aufmerksam macht [1]), dafs keiner der Grund
sätze jenes Systems ohne weiteres verspottet zu werden verdient
sie vielmehr alle ihre relative Berechtigung hatten, sobald man eber
nur die Wirtschaftsverhältnisse der früheren Jahrhunderte dabei nich
aus dem Auge verliert. Ausdrücklich weist er den Vorwurf zurück
die Merkantilisten erachteten ein Volk schon deshalb für reich unc
glücklich, weil es viel Geld besitze, indem sie nach ihm vielmehr ir
dem letzteren nur eine allerdings notwendige Bürgschaft für die
leichte Beschaffung der Lebensgenüsse erblickten [2]). Ferner sucht
Bidermann zu zeigen, dafs der merkantilistische Grundsatz, nach
welchem es unter gewissen Umständen angemessener ist, die Waren
aus dem Inland anstatt aus dem Ausland zu beziehen, obgleich sie
hier billiger sind — nicht selten seine volle Berechtigung habe, und
erkennt auch die Handelsbilanztheorie als unter Umständen zutreffend
an. Besonders hervorgehoben zu werden verdient seine Ansicht,
nach welcher die Grundsätze des Merkantilismus nicht als ein Cha-
rakterzug eines besonderen Zeitalters gelten können, dafs vielmehr
Schriftsteller und Staatsmänner aller Jahrhunderte sich zu ihnen
bekannt haben, jenes System daher durchaus nicht als ein über-
wundener Standpunkt anzusehen ist. Eine eigenartige Stellung zu
unserer Frage nimmt auch K. Marlo (Winkelblech) [3]) ein, welcher
neben dem u. a. in der Übervorteilung des Auslandes sich äufsernden
monopolistischen Charakter des Merkantilsystems, in dem Verlangen
nach freiem Verkehr und nach Beseitigung der Erwerbsmonopole
auch die entschieden liberalen Züge des Systems nicht verkennt
und dasselbe als „altliberales" bezeichnet, während G. Cohn [4]) „das
sogenannte Merkantilsystem für eine willkürliche, unhistorische Zu-
sammenfassung des vorbereitenden Denkens der Nationalökonomie"
erklärt und im Physiokratismus das erste Wirtschaftssystem erblickt.

---

[1]) Schon früher hatte Friedrich List (in seiner Schrift „das nationale System der
politischen Ökonomie", Stuttgart 1844, Kap. 29) einen ähnlichen Standpunkt vertreten.

[2]) Auch erklärt er mit Held die Behauptung für falsch, dafs die Merkantilisten den Ackerbau gegenüber den sonstigen Gewerben vernachlässigt hätten,
denn es gäbe scharf ausgeprägte Merkantilisten, die der Landwirtschaft als einer
Hauptquelle des Volkswohlstandes gedenken.

[3]) Untersuchungen über die Organisation der Arbeit oder System der Welt-
ökonomie. 2. Aufl. II. Bd.: Geschichte und Kritik der ökonomischen Systeme.
Tübingen 1885 S. 50 ff.

[4]) System der Nationalökonomie. I. Bd.: Grundlegung. Stuttgart 1885 S. 94 ff.

Es liegt uns fern, den Widerstreit der Meinungen, wie er in der obigen Zusammenstellung hervorgetreten, nach irgend einer Richtung hin entscheiden oder etwa jenen Auffassungen eine neue entgegenstellen zu wollen. Doch unterlassen wir nicht, folgende Momente als die Grundanschauungen des Merkantilismus hervorzuheben, soweit dieselben von allen, oder wenigstens doch von der grofsen Mehrzahl der eben namhaft gemachten Schriftsteller vertreten werden: Wie es im allgemeinen Pflicht der Regierung ist, das volkswirtschaftliche Leben zu regeln, so fällt ihr auch die Aufgabe zu, das Geld als ein notwendiges Vorbedingnis der wirtschaftlichen Thätigkeit des Volkes im Lande zu erhalten und zu vermehren. Eins der wirksamsten Mittel zur Erfüllung dieser Aufgabe bietet sich in der Schaffung einer günstigen Handelsbilanz, d. h. der Erzielung eines Mehrwertes der Warenausfuhr über die Einfuhr im auswärtigen Handel. Eine solche wird aber namentlich geschaffen durch Steigerung der Bevölkerungszahl, Förderung der Industrie und eine Zollpolitik, welche die Ausfuhr von Fabrikaten steigert, die Einfuhr derselben dagegen nach Kräften erschwert, während die Rohprodukte dem Lande möglichst zu erhalten sind. Wenn auch diese Definition die Hauptcharakterzüge des Systems nicht vollständig wiedergibt, so scheint sie uns doch geeignet, um auf Grund derselben die im Folgenden zu besprechenden Schriftsteller hinsichtlich ihres Verhältnisses zu den merkantilistischen Anschauungen richtig beurteilen zu können. Ein vollkommen klares Bild vom Merkantilsystem wird man aber erst dann erhalten, wenn alle in Frage kommenden Autoren einer genauen Prüfung unterzogen worden sind. Denn wenn es auch unzweifelhaft ist, dafs die geschilderten Meinungsverschiedenheiten zum Teil durch die wirtschaftspolitische Richtung der Kritiker hervorgerufen worden sind, und insofern die Sachlichkeit des Urteils getrübt erscheint, was wir von dem so wohlwollend urteilenden Bidermann ebensogut sagen müssen, als von einem absprechenden Kritiker wie Blanqui; — so kann doch anderseits darüber kein Zweifel herrschen, dafs hinsichtlich vieler sogen. merkantilistischer Schriftsteller noch manche Unklarheiten bestehen, denn wie ist es sonst erklärlich, dafs Kautz[1]) die Schriftsteller Jean Bodin, G. Scaruffi und B. Davanzati unter die Merkantilisten zählt, während Hildebrand[2]) behauptet, dafs sie mit Unrecht unter diese gerechnet würden, und am allerwenigsten Bodin

---

[1]) a. a. O. S. 264 ff. u. S. 269 ff.
[2]) a. a. O. S. 9 ff.

als Vertreter jenes Systems betrachtet werden könne. Auch diese Streit-
frage mag hier unentschieden bleiben. Sie zeigt aber, wie in betreff
der Stellung selbst bekannterer Autoren die Ansichten der Kritiker
noch wesentlich voneinander abweichen. Vielleicht vermögen wir
über die Spanier Uztariz und Ulloa ein abschliefsenderes Urteil zu
fällen.

I.

Da es uns leider nicht gelungen ist, über die Persönlichkeit
unserer Autoren aus anderen Quellen Näheres zu erfahren, so müssen
wir uns auf die Mitteilung desjenigen beschränken, was sich aus
ihren Schriften und den Übersetzungen derselben, auf die wir weiter
unten näher eingehen werden, ergibt.

Gerónimo de Uztariz ist gegen Ende des 17. Jahrhunderts
in dem zu Spanien gehörigen Königreich, der jetzigen Provinz Navarra geboren [1]). Im Jahre 1724 [2]) erschien sein berühmtes Werk:
„Theorica, y Practica de Comercio y de Marina [3]).

Damals nahm Uztariz am Hofe des Königs Philipp V. von
Spanien, dem er sein Werk gewidmet hat, eine bedeutende Stellung
ein; er bezeichnet sich auf dem Titelblatte seiner Schrift als „Cavallero
del Orden de Santiago, del Consejo de su Magestad y de la Real
Junta de Comercio, y de Moneda, y Secretario de su Magestad en
el Consejo, y Camara de Indias [4])". Bei dem Erscheinen der Schrift
glaubte aber die Regierung, dafs die Zeitumstände eine weitere Ver-
breitung derselben nicht rätlich erscheinen liefsen. So wurden denn
alle Exemplare, soweit sie noch nicht ins Publikum gedrungen
waren, vernichtet, während der Autor für sein Werk Lob und Ehren

[1]) Vergl. das Dictionnaire de Biographie von Dezobry und Bachelet.

[2]) Vergl. die Widmung in der 3. Auflage des Werkes.

[3]) Der vollständige Titel lautet: Theorie und Praxis des Handels und der
Marine, in verschiedenen Abhandlungen und geeigneten Beispielen, die mit besonderen Mafsregeln vereint der spanischen Monarchie anzupassen sind, zu ihrer
baldigen Wiedererstarkung, ihrem allgemeinen Vorteil und ihrer gröfseren Stärke
gegenüber den Widersachern der königlichen Krone.

[4]) Unter Indien ist hier, wie auch bei späteren Erwähnungen, soweit es sich
um spanische Bezeichnungen handelt, Westindien und im weiteren Sinne das
ganze spanische Amerika zu verstehen.

davontrug [1]). Höchst wahrscheinlich handelte es sich hierbei um eine jener Hofintrigen, welche, wie es scheint, häufiger gegen Uztariz ins Werk gesetzt wurden, um seine Reformvorschläge resultatlos zu machen [2]). Gelang es somit zeitweise seinen Neidern, die Bestrebungen des Verfassers zu durchkreuzen, so änderte sich doch später die Stimmung am spanischen Hofe zu gunsten seiner Schrift dermaßen, daß im Jahre 1742 eine noch von Uztariz selbst verbesserte neue Ausgabe derselben veranstaltet wurde, welche, da der Verfasser inzwischen gestorben war, von dessen Sohne, der ebenfalls am Hofe zu Madrid eine höhere Staatsstellung bekleidete, besorgt wurde [3]). Im Jahre 1757 erschien endlich noch eine 3. Auflage, welche im Ganzen ein Abdruck der zweiten ist [4]). Gibt schon diese Thatsache Zeugnis von dem grofsen Ansehen und der allgemeinen Beachtung, welche Uztariz' Werk genofs, so beweist dies auch noch der Umstand, dafs bald nach seinem zweiten Erscheinen im Jahre 1742 auf Grund dieser Ausgabe Übersetzungen desselben ins Englische und Französische veranstaltet wurden, und zwar 1751 eine englische dem Prinzen von Wales gewidmete von John Kippax [5]), und im Jahre 1753 eine französische Übersetzung [6]), die mit V. D. F. als Verfasser bezeichnet ist [7]), welche übrigens bedeutende Kürzungen enthält.

[1]) So berichtet wenigstens Kippax in seiner englischen Übersetzung des Uztarizschen Werkes, in der Einleitung S. III.

[2]) So spricht Uztariz im 20. Kapitel seines Werkes die Befürchtung aus, dafs seine Ansichten viel Angriffe zu erdulden haben würden seitens einer Opposition, die allen neueren Bestrebungen feindlich gesinnt sei, wenn diese auch dem Fürsten und dem Lande noch so viele Vorteile bringen. Jene Opposition wird aber namentlich durch die Eifersucht der Höflinge hervorgerufen, die alle guten Ideen und Vorschläge anderer zu nichte zu machen sich bemühen. Sodann citiert Uztariz (Kap. 26) eine Stelle aus der von ihm verfafsten Einleitung zur spanischen Übersetzung der Huetschen Schrift „Mémoires sur le commerce des Hollandais", in der Uztariz hervorhebt, dafs Ludwig XIV. es sich besonders habe angelegen sein lassen, seine Minister gegen die gehässigen Angriffe ihrer Neider in Schutz zu nehmen, ohne welche machtvolle Unterstützung auch ihre besten Mafsnahmen nutzlos gewesen wären. — Uztariz sagt dies sicherlich nicht ohne Seitenblick auf die Zustände am spanischen Hofe.

[3]) Vergl. die Zensur im Eingange der 3. Orig.-Ausgabe.

[4]) Gedruckt in Madrid, 4°, 454 S.

[5]) 2 Bände, London, 8°.

[6]) 2 Bände in einem Band, Paris, 8°.

[7]) Nach Blanqui (a. a. O. II p. 325) ist der bekannte französische Merkantilist Forbonnais der Übersetzer.

Etwaige sonstige Schriften von Uztariz sind uns nicht bekannt und wenigstens in Deutschland nicht vorhanden. Aus seinem genannten Werke, dem einzigen, auf welches wir uns somit stützen können, ergibt sich nur, dafs er eine Einleitung zu der spanischen Übersetzung von Huets „Mémoires sur le commerce des Hollandais" schrieb, nachdem er von dem königlichen Rate von Castilien zu einem Gutachten über dasselbe aufgefordert worden war [1]).

Ferner spricht Uztariz [2]) die Absicht aus, eine Abhandlung zu verfassen über die englischen Exportprämien für Getreide und die Gründe, welche eine Getreideausfuhr als zweckmäfsig erscheinen lassen. Es ist uns jedoch unbekannt, ob er sein Vorhaben zur Ausführung gebracht hat, da wir trotz eifriger Nachforschungen über eine solche Schrift des Uztariz nichts haben ermitteln können. Auch müssen wir es dahingestellt sein lassen, ob der Verfasser sein Versprechen, welches er am Schlufs seines Werkes gibt [3]), nämlich einen Nachtrag zu liefern, um darin manche dort unerörtert gelassene Fragen zur Erledigung zu bringen, jemals eingelöst hat [4]).

Sind wir somit genötigt, uns auf jenes erstgenannte Werk unseres Autors zu beschränken, so wird es, zumal es auch an Mitteilungen über seine Schriften und persönlichen Ansichten leider fehlt, um so mehr unsere Aufgabe sein, alle Andeutungen und Aufklärungen, die dasselbe enthält, nach Möglichkeit zu verwerten.

Für die Beurteilung der Stellung Uztariz' zu anderen Theoretikern und Praktikern der Volkswirtschaft seiner Zeit wird es nicht ohne Interesse sein, diejenigen Männer kennen zu lernen, auf deren Autorität er sich in seiner Schrift wiederholt beruft. Von zahlreichen historischen Werken abgesehen, zieht Uztariz, was die spanischen Schriftsteller anbelangt, besonders die Werke

---

[1]) In Kap. 26 seines Werkes macht Uztariz aus derselben einige Mitteilungen.

[2]) Kap. 28, p. 67. Wir citieren hier wie auch im Folgenden stets nach der 3. Auflage der Originalausgabe von 1757.

[3]) S. Seite 413.

[4]) Weder auf der Pariser Nationalbibliothek noch auf den deutschen öffentlichen Bibliotheken finden sich sonstige Werke von Uztariz oder Ulloa, ebensowenig eine bei Blanqui (Gesch. d. polit. Ökon. II. p. 350) genannte Schrift von Forbonnais, betitelt „Observations sur Uztariz et notre commerce avec l'Espagne", die vielleicht interessante Daten über unseren Autor enthält.

der Jesuitenmönche Moncada [1]), Navarrete [2]) und Saavedra [3]) zur
Unterstützung seiner Ansichten heran, während er, bemerkens-
werterweise, die zahlreichen spezifisch nationalökonomischen Schriftsteller seiner Heimat wie Exea, Olivares, Gonzalez und Osorio
aus dem 16. und 17. Jahrhundert unberücksichtigt läfst. Vielleicht veranlafste eine gewisse Abneigung gegen theoretische Untersuchungen überhaupt unsern Autor zur völligen Aufserachtlassung
jener Werke seiner Landsleute, und dieser Umstand ist es denn
auch, der es erklärlich macht, dafs Uztariz die italienischen
Theoretiker, wie Scaruffi, .Davanzati und Serra, ebenfalls nicht er-
wähnt, trotzdem die Heranziehung der Anschauungen gerade dieser
Schriftsteller ihm hinreichende Gelegenheit geboten haben würde,
sei es zustimmend oder ablehnend, seine Stellung noch klarer hervortreten zu lassen.

Dafs unser Autor von der deutschen Nationalökonomie, wie sie
besonders von Besold, Conring und Klock vertreten wurde, keine
Kenntnis hat, ist bei der geringen Beziehung, in denen Spanien zu
Deutschland in litterarischer Hinsicht stand, durchaus nicht zu verwundern, und die Zeit Karls V., welche einen intimeren Verkehr
dieser beiden Länder mehr begünstigte, gehörte schon zu sehr der
Vergangenheit an, als dafs sich jene Beziehungen bei Uztariz noch
hätten äufsern können.

Scheinen somit unserem Schriftsteller die italienischen und
deutschen Autoren seiner Richtung völlig unbekannt zu sein, so war
sein Verhältnis zu den Franzosen ein um so engeres. Zwar läfst
er auch hier den Theoretikern keine Beachtung zu teil werden, und
des grofsen Jean Bodin gedenkt er mit keinem Worte. Mehrfach
citiert er dagegen Huet, Vauban, Bruslons und Savary, deren Schriften
vornehmlich die Darlegung historisch gegebener Verhältnisse zum
Gegenstande haben. Besonders aber sind es der König Ludwig XIV.
von Frankreich und sein berühmter Minister Jean Baptiste Colbert.
„der in Handels- und Marineangelegenheiten einsichtsvollste und
thätigste Staatsmann, welchen Europa je gekannt hat", denen Uztariz

---

[1]) Dr. Don Sancho de Moncada war Pater und Professor der heiligen
Schrift in Alcalà. Es erschien 1619 seine „Restauracion politica de España".

[2]) Pedro Fernandez de Navarrete war Kanonikus an der Kirche zu
St. Jago und Mitglied des Inquisitionstribunals. Er schrieb „Conservacion de
Monarquias", 1626.

[3]) Don Diego de Saavedra schrieb die „Empresas Politicas y Christianas".

die höchste Verehrung zollt. Sind es auch keine Schriften, auf welche er sich berufen kann, so glänzen jene beiden doch vor allem durch ihre grofsartigen wirtschaftspolitischen Mafsnahmen, durch welche sie den Handel und die Industrie zu fördern suchten, um den Wohlstand des Volkes und damit auch die Finanzen des Staates zu heben.

Immer wieder verweist Uztariz auf den bekannten französischen Zolltarif von 1664, auf die Ergänzung zu demselben vom Jahre 1667[1]) und auf die von Ludwig abgeschlossenen Handelsverträge, und sucht durch eine eingehende Besprechung der einzelnen Tarifsätze die günstigen Folgen jener Mafsregeln ins rechte Licht zu setzen[2]). „Was vermögen nicht," ruft Uztariz aus[3]), „die Thaten eines grofsen Monarchen zu wirken, der in seinen Ministern treue Berater findet! Wunderbar sind diese Erfolge in einem Königreiche, dessen Gebiet kleiner ist als Spanien. Sie erscheinen nur dem Zeitalter glaublich, welches sie miterlebte, und die Nachwelt, die sie nur von Hörensagen kennt, wird sie kaum für wahr halten. Und doch waren alle diese Erfolge nur die natürlichen Ergebnisse einer gut geleiteten Handelspolitik, und es ist keine gewagte Behauptung, wenn man sagt, dafs jeder Monarch zu denselben Resultaten gelangen wird, der in gleicher Weise jener wichtigen Staatsmaxime folgt und sich von treuen Dienern umgeben sieht."

Erscheint ihm demnach das damalige Frankreich als das Ideal eines weise regierten Staates, so sucht Uztariz nicht minder auch an den Erfolgen der englischen und holländischen Wirtschaftspolitik zu zeigen, wie die von ihm vorgeschlagenen Reformen auch in Spanien zu einem günstigen Resultate führen werden. In England sind es besonders die Mafsnahmen der Könige Wilhelm III. (1689—1702) und Georg I. (1714—27), auf welche er sich besonders beruft. Vor allem aber zollt er der berühmten von Cromwell im Jahre 1651 erlassenen Navigationsakte, welche er im Wortlaute anführt[4]), die gröfste Bewunderung. Sie könne am schlagendsten zeigen, wie die Engländer es verstanden haben, aller Friedensverträge

---

[1]) Über die Edikte und die sonstigen Mafsnahmen Colberts vergl. W. Lexis, Die französischen Ausfuhrprämien im Zusammenhange mit der Tarifgeschichte und Handelsentwickelung Frankreichs. Bonn 1870. Seite 20 ff.

[2]) Vergl. namentlich a. a. O. Kap. 20.

[3]) Siehe S. 47.

[4]) Siehe a. a. O. Kap. 30.

oder sonstiger Rücksichten ungeachtet, Handel und Schiffahrt auf Kosten der anderen Nationen zur Blüte zu bringen.

In ähnlicher Weise führt dann Uztariz seinen Lesern das grofsartige Emporwachsen Hollands vor Augen[1]), welches sich, trotz seines geringen Gebietsumfanges, infolge der Rührigkeit und Intelligenz seiner Bewohner zum ersten Handelsstaat Europas und der Welt emporgeschwungen hat, unterstützt durch eine mächtige Flotte, und durch ausgedehnten Kolonialbesitz, welcher namentlich durch die Thätigkeit der grofsen Handelskompanien im steten Verkehr mit dem Mutterlande verbleibt.

Überblicken wir das Gesagte, so zeigt es sich, dafs unser Autor, allen theoretischen Erörterungen abgeneigt, vornehmlich in den Männern der Praxis seine Autoritäten erblickt, und dafs es ihm in erster Linie darum zu thun ist, durch Heranziehung von Beispielen aus dem Wirtschaftsleben fremder Nationen seinen spanischen Landsleuten die Wege zu weisen, auf denen auch sie ihr Land einer gedeihlicheren Entwickelung entgegenführen können. Vor dem Vorwurf zu abstrakten Theoretisierens wird Uztariz deshalb wohl bewahrt bleiben; aber es hat doch gerade jenes stetige Zurückgreifen auf die thatsächlichen Verhältnisse seine Darstellungsweise ungünstig beeinflufst, und es gilt von dem Werk unseres Autors in vollem Umfange das, was Kautz[2]) von den merkantilistischen Schriften im allgemeinen sagt. Es heifst dort: „Die Schriften der Merkantilisten gehen überall von gewissen Einzelfragen des praktischen Lebens aus, behandeln einzelne Partieen des volkswirtschaftlichen Gebietes, stellen sich in Beziehung zu dem Interesse der Regierungswirtschaft, und können mit einem Komplex weitläufig motivierter Entwürfe für Verwaltungsinstruktionen verglichen werden; aber eben aus diesem Grunde fehlt ihnen auch der allgemeine Blick in das Getriebe und Gefüge des Ganzen, mangelt ihnen jenes universelle zusammenfassende Moment, durch welches die in ihnen enthaltene Theorie zu einer eigentlichen systematischen Theorie des gesamten ökonomischen Staats- und Gesellschaftsleben erhoben werden könnte." —

Ist nun schon aus diesem Grunde die Lektüre unserer Schrift sehr ermüdend, so kommt noch, in vieler Hinsicht als eine Folge jener eigenartigen Behandlungsweise des Gegenstandes, der Umstand

---

[1]) Siehe a. a. O. Kap. 31—41.
[2]) a. a. O. Seite 301.

hinzu, dafs es ihr an einem sachlichen Einteilungsprinzipe fehlt. und der Verfasser ohne Rücksicht auf den Zusammenhang von der einen Frage zur anderen übergeht, wobei naturgemäfs vielfache Wiederholungen nicht ausbleiben können. Hiermit soll nun zwar nicht gesagt sein, dafs es der Schrift an jeder Anordnung des Stoffes mangelt; dieselbe ist jedoch so allgemein gehalten, dafs sie den Autor an ein systematisches Fortschreiten von dem einen Gegenstand zum anderen nicht bindet.

Wir führen im Folgenden den Inhalt der einzelnen Abschnitte auf, in welche das 107 Kapitel umfassende Werk eingeteilt ist:

1. Kap. 1—17: Nachdem Uztariz im Eingange des 1. Kapitels in Kürze die Absicht dargelegt hat, welche er in seiner Schrift verfolgt: nämlich eine Untersuchung der Gründe, welche den Ruin des spanischen Wirtschaftslebens herbeiführten, sodann eine Besprechung der Mafsregeln, die von den fremden Staaten zur Hebung von Handel und Industrie mit Erfolg ergriffen worden sind, und endlich, im Anschlufs hieran, ein Hinweis auf die Mittel und Wege, durch welche der gesunkene Wohlstand Spaniens wieder zu heben ist, — erörtert der Verfasser in diesem ersten Abschnitt seines Werkes die allgemeinen Prinzipien des Handels, an welche sich mancherlei praktische Fragen finanzpolitischer Natur anknüpfen, die dann wieder zur Besprechung der Münz- und Bevölkerungsverhältnisse und der natürlichen Beschaffenheit Spaniens Anlafs geben.

2. Kap. 18 und 19: Die Bevölkerung und die Staatseinkünfte Spaniens im Beginn des 18. Jahrhunderts.

3. Kap. 20—27: Die Handels- und die Industrieverhältnisse Frankreichs und die französische Wirtschaftspolitik unter dem König Ludwig XIV.

4. Kap. 28—30: Handel und Handelspolitik der Engländer im 17. und im Anfang des 18. Jahrhunderts.

5. Kap. 31—41: Hollands natürliche Beschaffenheit und die hierdurch bedingte Natur seines Handels, nebst Betrachtungen über die Wirthschafts- und Kolonialpolitik der Holländer und ihre Handelskompanien.

6. Kap. 42—43: Die spanische Wirtschaftspolitik bis zum Regierungsantritte Philipps V. im Jahre 1701, erläutert an einigen Handel und Industrie betreffenden Mafsnahmen Ferdinands III., des Heiligen, Ferdinands und Isabellas, Karls I. (V.), Philipps II. und Philipps IV.

7. Kap. 44—64: Eingehende Schilderung der Sorge Philipps V.

zur Hebung der Wohlfahrt des Landes, welche namentlich ihren Ausdruck fand in der Belebung des Handels der Spanier mit ihren Kolonieen, der Verbesserung der sozialen und Kulturverhältnisse des Landes, der Förderung von Industrie und Gewerbe und in Abänderungen des bestehenden Zoll- und Steuersystems.

8. Kap. 65—77: Abhandlung über die Marine. Nach einigen, mehr theoretischen Erörterungen über den Nutzen und die Erfordernisse einer tüchtigen Kriegs- und Handelsmarine geht der Verfasser dazu über, mit Heranziehung eingehenden statistischen Materials, die damalige Beschaffenheit der spanischen Flotte zu schildern, wobei er es nicht unterläfst, auch den Zustand der fremdländischen Marinen, namentlich derjenigen Englands, Frankreichs Rufslands zur Vergleichung mit heranzuziehen. Gelangt nun hierbei Uztariz zu dem Ergebnisse, dafs der Zustand der spanischen Flotte ein höchst trauriger sei, so erfüllt ihn dies mit um so gröfserer Betrübnis, wenn er zurückblickt auf die Beschaffenheit jener mächtigen Armada. welche Philipp II. im Jahre 1588 gegen England ausrüstete. Es bedarf somit einer umfassenden Reorganisation der spanischen Marine. Der Verfasser ist der Ansicht, dafs die Kosten derselben teils durch eine Herabminderung der Präsenzstärke des Landheeres, teils auch durch die infolge der Steuerreform in Aussicht stehenden Mehreinnahmen des Staates gedeckt werden können. Hierzu kommt dann noch, dafs Spanien, wie kaum irgend ein anderes Land, das zum Schiffbau erforderliche Material selbst besitzt und nicht vom Auslande zu beziehen braucht [1]). Das Bauholz liefern die Wälder der Pyrenäen, den Teer Aragonien und Kastilien, besonders die Berge von Tortosa. Port Real und Sada fabrizieren Taue und Segeltücher, die Menge und Güte des Eisens von Kantabrien und anderer Gegenden Spaniens sind bekannt. In Navarra existieren viele Fabriken zur Herstellung von Kriegsmaterial, besonders Pulver. Waffenschmieden gibt es in Placencia in der Provinz Guipuscoa. Der Hanfbau kann den Segeltuch- und Seilfabriken ihr Material liefern. Besonderes Gewicht ist auch auf die Ausbesserung der Schiffswerfte und die Regulierung der Flüsse, namentlich des Ebro zu legen.

Eine in dieser Weise durchgeführte Reorganisation der Flotte wird besonders auch eine bessere Bewachung der Küsten zur Folge haben, um dieselben vor den Beunruhigungen durch die Korsaren zu

---

[1]) Siehe auch Kap. 63 p. 162 ff.

schützen, die den spanischen Handel und die Fischerei bisher gefährdet haben.

Zum Schlufs erörtert der Verfasser dann noch einige Spezialfragen betreffs der Gröfse und der Konstruktion der neuen Schiffe und der Art der Verwendung der älteren. 9. Kap. 78—107: Schilderung der Mängel der bisher in Spanien verfolgten Wirtschaftspolitik und positive Vorschläge des Verfassers zur Heilung der durch dieselben hervorgerufenen Schäden. Die beste Handhabe zur Erreichung des ersehnten Zieles bieten die Zölle und Steuern. Ihre zweckmäfsige Verteilung und Erhebungsart wird auf die Entwickelung der wirtschaftlichen Verhältnisse des Landes einen äufserst segensreichen Einflufs ausüben können. Der Verfasser zeigt durch eine Besprechung der einzelnen Steuerarten und Zollpositionen, in welcher Weise jene Änderung vorzunehmen ist, und weist aufserdem auch noch auf mannigfache andere Mittel hin, die der Regierung zur Förderung einer gedeihlichen Entwickelung des Landes zu Gebote stehen.

Wir haben im Vorigen eine Schilderung der Persönlichkeit und Geistesrichtung des Uztariz zu geben versucht und uns dabei auch einen allgemeinen Überblick über die in seiner Schrift behandelten Gegenstände verschafft.

Im Jahre 1740, zu einer Zeit wo diese letztere schon fast völlig in Vergessenheit geraten war, denn die zweite Auflage seines Werkes war damals noch nicht erschienen, unternahm es Bernardo de Ulloa, in voller Würdigung der Bedeutung jener Schrift, dieselbe zu einer Darstellung des spanischen Wirtschaftslebens zu verwerten.

Über die Persönlichkeit des Mannes ist uns auch nur weniges bekannt. Er nennt sich „Gentil-Hombre de Boca de S. M., Alcalde Mayor del Cabildo de la Ciudad de Sevilla, y al presente (1740) su Procurador Mayor en esta corte". In der Einleitung zu seiner Schrift, die den Titel führt: „Restablicimiento de las Fábricas y Comercio español" [1]) bemerkt er, dafs vor ihm Uztariz der einzige gewesen ist, der die ökonomischen Zustände Spaniens einer genaueren Betrachtung unterzogen und dafs seine Darlegung die Erkenntnis derselben wesentlich gefördert habe. Ulloa lehnt sich denn auch völlig an Uztariz an, behandelt im wesentlichen

---

[1]) Der vollständige Titel lautet: Wiederherstellung der Fabriken und des Handels Spaniens: Irrthümer, welche über das Wesen des Handels vorherrschen, die eigentlichen Hindernisse, welche ihn lahm legen und die wirksamen Mittel, die ihm zur Blüte verhelfen.

dieselben Fragen, ebenso vertritt er, wie wir später sehen werden, die gleichen ökonomischen Grundsätze. Das Erscheinen seiner Schrift war jedoch trotzdem in sofern von nicht geringer Bedeutung, als damals gerade das Werk seines Gewährsmannes kaum mehr bekannt war, weshalb Ulloa sich veranlafst fühlte, eine Übersicht über die von Uztariz behandelten Gegenstände dem ersten Bande seiner Schrift als Anhang hinzuzufügen. Letztere erschien im Jahre 1740[1]) und wurde 1753 ins Französische übersetzt. Über die Darstellungsweise unsers Autors gilt dasselbe, was wir schon früher von Uztariz gesagt haben, und verweisen wir auf die betreffenden Bemerkungen. Im Laufe seiner Untersuchungen stützt er sich in erster Linie auf die spanischen Gesetze und Verordnungen, sowie auf die Ausführungen des Uztariz.

Dieser sei der allererste gewesen, der klar und unumwunden ausgesprochen habe, dafs die bisherige Zoll- und Finanzpolitik der spanischen Industrie den gröfsten Schaden zugefügt und nur dem Auslande genützt habe[2]). Doch sehen wir Ulloa, im Gegensatz zu seinem Gewährsmanne, fast ausschliefslich mit den Angelegenheiten seines Vaterlandes sich befassen. So kann seine Schrift als Ergänzung der Uztarizschen angesehen werden, indem sie viele Punkte, die jener nur vorübergehend berührt, in ausführlicherer Weise zur Sprache bringt. Wegen der Masse des in seiner Schrift angehäuften Materials ist es nicht möglich, bei einer Inhaltsangabe selbst alle wesentlichen Punkte heranzuziehen. Wir begnügen uns deshalb mit einer allgemeinen Übersicht über die von ihm behandelten Fragen, da wir ja später Gelegenheit nehmen werden, auf die von ihm berührten konkreten Verhältnisse ausführlicher zurückzukommen.

1. In dem ersten, aus 19 Kapiteln bestehenden Theile seiner Schrift behandelt Ulloa, nach einer allgemeinen Erörterung über das Wesen des Handels, die Bedeutung des spanischen Handels mit den fremden Nationen und den spanischen Kolonieen in Amerika (Kap. 1). Ein blühender Handel ist aber für Spanien ohne eine strebsame Industrie nicht denkbar, es gilt also vor allem auch den heimischen Gewerben einen Aufschwung zu ermöglichen. Diese Erwägungen führen den Verfasser zur Untersuchung der Gründe, die den Verfall der spanischen Industrie veranlafst haben (Kap. 2). Als solche betrachtet er namentlich den Steuerdruck, der auf dem Volke lastet, und die Art der Erhebung der Steuern

---

[1]) Madrid 8⁰, 2 Bde., 231 u. 234 Seiten.
[2]) Vergl. Ulloa a. a. O., I, Introduccion.

(Kap. 3—8). Ein weiteres Hindernis zum Wiederaufblühen der Industrie erblickt er in der teuern Fabrikation. und diese wiederum ist nur eine Folge der hohen Lebensmittelpreise (Kap. 9). Von ebenso nachteiligen Folgen sind die mangelhaften Wohnungsverhältnisse und der schlechte Zustand der öffentlichen Verkehrswege (Kap. 10—12). Ferner weist Ulloa, anknüpfend an das früher Gesagte, darauf hin, dafs eine falsche Steuerpolitik die Lebensmittel verteuert habe (Kap. 13 u. 14), um sodann die Nachteile des Branntweinmonopols zu schildern (Kap. 15). Den Schlufs des Bandes (Kap. 16—19) bilden Vorschläge zur Belebung der Industrie, wobei die betreffenden Verhältnisse in den einzelnen spanischen Provinzen einer eingehenden Besprechung unterzogen werden.

Den Anhang zu diesem ersten Teil bildet, wie schon bemerkt, eine ausführliche Inhaltsangabe aus dem Uztarizschen Werke.

2. Im zweiten, 23 Kapitel umfassenden Teile seiner Schrift behandelt Ulloa den Handel Spaniens im Hinblick auf dessen maritime Lage und in seinem Verhältnis zu den amerikanischen Kolonieen. Dieselbe ist einem ausgedehnten Seehandel in hohem Grade günstig. Leider wird derselbe durch die Plünderung der Mauren aus den Berberstaaten arg geschädigt, weshalb die Regierung es sich angelegen lassen sein sollte, durch eine strenge Küstenbewachung die Schiffahrt und die Fischerei zu schützen (Kap. 2 u. 3).

Übergehend zu den amerikanischen Verhältnissen, zeigt der Verfasser, wie die ungünstigen Verträge mit den fremden Staaten, namentlich der Assiento de Negros [1]), dazu geführt haben, dafs die eigenen Kolonieen mit ausländischen Waren überschwemmt werden, wodurch die spanische Konkurrenz verdrängt wird (Kap. 4 u. 5); in derselben verderblichen Richtung wirken die zahlreichen Kolonien, welche die Ausländer allmählich in dem neuen Erdteil erworben haben (Kap. 6).

Nachdem Ulloa sodann an einem Beispiel den Wert der Industrie und ihre Rückwirkung auf den Handel und die Lage des Landes überhaupt geschildert hat (Kap. 7), zeigte er, wie durch den bedeutenden Import fremder Fische nach Spanien die Fischzucht dieses Landes geschädigt worden ist (Kap. 8). Zur Hebung der-

---

[1]) Dieser „Negervertrag", den Spanien mit England abschlofs, gestattete, dafs letzteres nach den spanischen Kolonieen in Amerika „crudos para vestuario" (d. i. Rohstoffe, die zu Bekleidungsgegenständen verarbeitet werden) einführen durfte. England brach jedoch den Vertrag, indem es sich nicht scheute, auch andere Waren zu importieren. (Vergl. Ulloa a. a. O. II, Kap. IV, 16.)

selben empfiehlt er die Vermehrung der Zahl der Fischer und die
Kräftigung der Handelsmarine (Kap. 9). Leider ist jetzt der aus
wärtige Handel des Landes ganz in den Händen Fremder, und
aller Import und Export geschieht auf fremden Schiffen (Kap. 10).
Ulloa zeigt dann an dem Beispiel anderer Nationen, wie der
Handel zu fördern ist und wie günstig auf Spanien eine di-
rekte Schiffahrtsverbindung mit den Philippinen wirken würde
(Kap. 11—13).

Anknüpfend an seine vorigen Auseinandersetzungen über das
Daniederliegen des spanischen Kolonialhandels (Kap. 14), macht er
einige Vorschläge, von deren Befolgung er eine Besserung der Verhältnisse erwartet. Das Wünschenswerteste würde sein, die Fremden
gänzlich aus den von ihnen okkupierten Teilen Amerikas zu verdrängen.
Da dies jedoch in absehbarer Zeit nicht ausführbar erscheint, so
muſs man wenigstens mit allen Mitteln darauf hinarbeiten, dem von
ihnen mit den spanischen Kolonieen betriebenen Schleichhandel ein
Ende zu machen und zu einem völligen Einfuhrverbot fremder Waren
nach den spanischen Kolonieen seine Zuflucht zu nehmen. Eingehend erörtert Ulloa die Durchführbarkeit solcher Maſsnahmen und
sucht die dagegen erhobenen Einwürfe zu widerlegen (Kap. 15—19).
Die Schmuggler möge man mit ihren Familien zur Strafe nach
den spanischen Besitzungen im Stillen Ocean deportieren, um diese
letzteren auf solche Weise zu bevölkern und zu kultivieren (Kap. 20).

Ulloa schlieſst seine Ausführungen mit einer Untersuchung der
Gründe, welche die Entvölkerung Amerikas und Spaniens zur Folge
gehabt haben, und einem Hinweis auf die mannigfachen Mittel zur
Abhilfe, deren Anwendung nicht allein dem Handel, der Industrie
und der Marine, sondern auch den Finanzen des Staates zu gute
kommen werde (Kap. 21—23).

Schon die gedrängte Übersicht über die von Uztariz und Ulloa
in ihren Werken behandelten Fragen zeigt zur Genüge die Fülle
und Mannigfaltigkeit des Materials, welches uns dort entgegentritt.
Wollten wir dasselbe in allen seinen Teilen berücksichtigen, so
würde sich unsere Darstellung zu einer umfangreichen Untersuchung
über die Wirtschaftsgeschichte Spaniens bis zum 18. Jahrhundert
auszudehnen haben, wobei auch die Hinzuziehung der übrigen europäischen Staaten, namentlich Frankreichs, Englands und Hollands,
sowie auch Amerikas, in ihrem Einfluſs auf die Gestaltung der
spanischen Wirtschaftsverhältnisse nicht zu umgehen sein würde.
So wichtig und interessant die Behandlung gerade dieses Gegen-

standes auch sein würde, der bisher eine zusammenhängende Darstellung und Würdigung noch nicht gefunden hat, so müssen wir doch an dieser Stelle auf ein ausführliches Eingehen auf diese Fragen verzichten. Vorläufig wird es genügen, die zahlreichen von Uztariz und Ulloa berührten Einzelheiten nur in soweit zu berücksichtigen, als es zur richtigen Beurteilung ihrer Bestrebungen und Anschauungen wünschenswert erscheint.

II.

Wir sahen, dafs Uztariz im 6. Abschnitte seines Werkes auch auf die Wirtschaftspolitik der vorbourbonischen Könige von Spanien einen Blick wirft. Dies drängt uns zu der Frage, ob und inwiefern jene Herrscher in ihren Mafsnahmen von merkantilistischen Prinzipien beherrscht wurden. Eine etwas ausführlichere Behandlung dieses Punktes wird hier um so mehr am Platze sein, als uns hierdurch Gelegenheit geboten wird, in grofsen Zügen den Verlauf der Wirtschaftspolitik der Habsburger uns vor Augen zu führen, um somit ein klares Bild von den Zuständen zu gewinnen, welche Uztariz und Ulloa in ihrem Vaterlande antrafen, als sie den Plan zur Abfassung ihrer Werke fafsten, die den Weg zeigen wollen, auf dem jene Verhältnisse einer gedeihlicheren Entwickelung entgegenzuführen sind.

Unsere Autoren lassen sich nämlich dabei in so eingehender Weise über die wirtschaftlichen Einzelfragen aus, bei welcher Gelegenheit sie dann ihre Vorschläge machen und ihre Ansichten entwickeln, dafs es unmöglich sein würde, diese richtig zu beurteilen, ohne vorher im allgemeinen den Verlauf der spanischen Wirtschaftsgeschichte uns vergegenwärtigt zu haben. Wir werden im Folgenden die Mitteilungen beider Schriftsteller thunlichst berücksichtigen. Wenn dieselben trotzdem bei unseren Ausführungen zunächst in den Hintergrund treten, so werden sie doch die spätere Behandlung von Uztariz' und Ulloas Anschauungen wesentlich erleichtern, da wir uns auf das hier bereits Gesagte beziehen können.

Von der spanischen Wirtschaftsgeschichte jener Tage geben die weiter unten genannten Werke von Havemann, Sempere, Weifs, Ranke u. a. m. ein ungefähres Bild. Sie alle müssen zwar in vielen

Punkten als veraltet gelten; doch da es an einer eingehenden Untersuchung über jene Verhältnisse bisher noch fehlt, so sind sie die
einzigen Schriftsteller, auf die wir uns für unseren Zweck berufen
können und auf die wir hiermit verweisen; denn es kann nicht unsere
Aufgabe sein, das von ihnen Angeführte hier nochmals zu wieder-
holen. Nur auf die Wirtschaftspolitik der spanischen Könige, die
von jenen Autoren weniger berücksichtigt ist, werden wir, soweit
sie sich aus den spanischen Quellen ergibt, etwas ausführlicher
eingehen.

Als im Jahre 1479 die Vereinigung von Aragonien und Kastilien
erfolgte, welche durch die schon vor ihrer Thronbesteigung statt-
gehabte Vermählung der beiderseitigen Herrscher, Ferdinand des
Katholischen von Aragon (1479—1516) und Isabella von Kastilien
(1474—1504) vorbereitet war, stand das früher in eine Unzahl kleinerer
Staaten zerteilte Spanien als ein einheitliches Reich da, und nachdem
auch Granada, der letzte Rest der einst so blühenden Maurenherr-
schaft in Spanien, drei Jahre später dem Anprall der christlichen
Streiter erlegen, konnten sich die Herrscher ungestört dem
inneren Ausbau ihrer Monarchie zuwenden. Zwar ging den früher
getrennten Hälften des Reiches die ehemalige Selbständigkeit auch
jetzt um so weniger verloren, als schon die Vergangenheit derselben
und die verschiedenartige Entwickelung ihrer politischen Zustände [1])
einer engeren Verbindung beider im Wege standen, doch verknüpfte
sie wenigstens ein äufseres Band, und wie die Münzen beider Herrscher
Bildnis trugen, so wurden auch alle Gesetze und Verordnungen von
ihnen gemeinsam erlassen, was ohne Zweifel das Gefühl der Zusammengehörigkeit der verschiedenen Staaten steigern mufste. Die
politischen Bestrebungen Ferdinands und Isabellas hatten in erster
Linie die Kräftigung ihrer königlichen Macht zum Ziele. Nicht
minder lag den beiden Monarchen an einer guter Rechtspflege, der
notwendigen Grundlage eines jeden wirtschaftlichen Aufschwunges.
Sie veranlafsten eine gänzliche Umgestaltung des gesamten Ver-
waltungsapparates und suchten durch Veranstaltung zahlreicher Ge-
setzsammlungen das Studium und die Ausübung des Rechts zu erleichtern [2]). Doch nicht allein das politische, sondern auch das wirt-

---

[1]) Vergl. W. Havemann, Darstellungen aus der inneren Geschichte Spaniens während des XV., XVI. u. XVII. Jahrhunderts. Göttingen 1850. §§ 4 u. 5.
[2]) Vergl. über diese Fragen Prescott, Geschichte der Regierung Ferdinands und Isabellas der Katholischen von Spanien, Lpzg. 1842 Bd. II S. 580 ff. und

schaftliche Leben ihrer Unterthanen suchten Ferdinand und Isabella durch die umfassendsten Mafsnahmen in die geeigneten Bahnen zu leiten. Zwar vermochte zu ihren Lebzeiten die im Jahre 1492 erfolgte Entdeckung Amerikas noch keinen merklichen Einflufs auf die Gestaltung der wirtschaftlichen Zustände Spaniens auszuüben, anderseits mufste die Einführung der Inquisition Tausende von friedlichen Bürgern dem Elende preisgeben, und die Vertreibung der Juden aus Spanien schlofs eine schwere Schädigung des heimischen Handels in sich; sollen doch nicht weniger als 80 000 Menschen ihr Vaterland verlassen haben [1]. Abgesehen von diesen Missgriffen aber, die ein bedauerliches Zeugnis ablegen von der Macht, welche die Geistlichkeit selbst auf so einsichtsvolle Herrscher wie Ferdinand und Isabella auszuüben wufste, zeigten diese das redlichste Bestreben, Handel und Gewerbe unter ihrem Volke zur Blüte zu bringen.

Die Angaben der verschiedensten Schriftsteller aus jener Zeit stimmen denn auch darin überein, dafs der Wohlstand des Landes zu jener Zeit ein recht günstiger war. Er zeigte sich vor allem in dem Reichtum und der Bevölkerung der Städte, wenn diese letztere auch nicht so bedeutend gewesen ist, wie man im allgemeinen nach der Bedeutung und dem Einflufs derselben anzunehmen geneigt sein könnte [2]. Wie diese stetig gestiegen, zeigt eine vergleichende Zusammenstellung der Abgaben der verschiedenen Städte des Landes in den Jahren 1477, 1482 und 1504 [3]. Hiernach betrugen die Abgaben aus den Alcavalas, Tercias und den anderen Steuern, soweit sie verpachtet sind [4]:

J. Sempere, Betrachtungen über die Ursachen der Gröfse und des Verfalls der spanischen Monarchie. Übersetzt von Schäfer, Darmstadt 1828. Theil I p. 70 ff.

[1] Vergl. Laet in seinem Werk Hispania sive regis Hispaniae regnis et opibus, Lugd. Bat. 1629. Hier wird die Zahl der aus Spanien bei dieser Gelegenheit ausgewanderten Juden sogar auf 170000 Familien = 850000 Seelen angegeben. Vergl. auch Abschnitt III, wo von der Bevölkerung Spaniens die Rede sein wird.

[2] Vergl. Conrad: Jahrbücher f. N. u. St. N. F. I S. 183.

[3] Vergl. die Memorias de la Real Academia de la Historia Madrid 1821, Tomo VI. Illustracion V, p. 154 ff. Die Angaben sind dem Archive von Simanca entnommen.

[4] Bezüglich der Natur des unter Ferdinand und Isabella herrschenden Steuersystems verweisen wir auf das weiter unten (p. 25 ff.) Gesagte. Die Mehrzahl der dort angeführten Steuerarten war auch schon unter den katholischen Königen in Geltung.

2*

13*

	im Jahre 1477 maravedis [1]	im Jahre 1482 maravedis	im Jahre 1504 maravedis
Bezirk Burgos	50 000	3 030 724	5 093 170
Valladolid und Bezirk	193 000	2 553 000	6 040 015
Toledo	200 000	5 150 000	10 887 674
Medina del Campo mit seinen Messen .	2 650 000	4 375 000	7 581 423
Cordoba und Bezirk	2 670 000	5 854 000	11 335 358
Zamora	210 000	2 540 000	3 827 170
Madrid	?	1 453 000	2 122 693
Ciudad-Real	620 000	1 000 000	1 772 500
Provinz Kastilien	1 300 000	2 686 333	4 072 938

Wir haben hier aus jenem Verzeichnisse nur einige der bekanntesten Städte und Bezirke herausgegriffen. Die Zusammenstellung ist übrigens mit Reserve zu benutzen, da jene Zahlen einen Anspruch auf absolute Genauigkeit durchaus nicht machen können [2]. Eine ähnliche Steigerung der Einnahmen, wie sie bei diesen zu Tage tritt, läfst sich bei den meisten der dort namhaft gemachten Städte beobachten. In jener Abhandlung [3] heifst es darüber: „Nachdem sich die Lage des Landes unter der umsichtigen Verwaltung der katholischen Könige gebessert hatte, die öffentliche Sicherheit begründet, der Ackerbau gefördert und der Handel erleichtert worden war, mufsten der Wohlstand und Reichtum der Nation und damit auch die Einnahmen der Krone wachsen. So betrugen denn die königlichen Nettoeinnahmen im Jahre 1477 im ganzen 27 415 626 maravedis und stiegen 1482 auf 150 695 288 maravedis, bis sie im letzten Jahre der Regierung Isabellas, 1504 die Höhe von 341 733 597 maravedis erreichten" [4].

Besonders bedeutend ist die Steigerung der Einnahmen in den

---

[1]) Betreffs dieser und der später noch zu erwähnenden spanischen Münzsorten aus jener Zeit bemerken wir folgendes: 1 peso = 20 reales, 1 ducado (scudo) = 11 reales (im Jahre 1550), 1 doblon = 22 reales, 1 real = 34 maravedis. Es betrug der Münzwert von 1 peso = 5,20 Frcs., von 1 maravedi = 1¹/₄ Centime. Vergl. Weiss, L'Espagne depuis le règne de Philippe II jusqu'à l'avénement des Bourbons, Paris 1844, I p. 18 ff.

[2]) „Il paraît qu'en Espagne on n'a jamais bien connu la portée de l'impôt sur les consommations journalières (und das war ja die grofse Mehrzahl) malgré la précaution qu'on prenait d'obliger les fermiers à presenter sur serment l'état véritable de leurs produits," — sagt Forbonnais in den Mémoires et Considérations sur le commerce et les finances d'Espagne, Amsterdam 1761, letzter Teil: les finances d'Espagne p. 99.

[3]) Memorias de la Real Academia p. 153 f.

[4]) Es sind dies nicht die gesamten Staatseinnahmen, da einige Steuerarten nicht verpachtet wurden.

5 Jahren von 1477 bis 1482. Wenn diese auch wohl zum Teil wenigstens
einer inzwischen erfolgten stärkeren Belastung zuzuschreiben ist, so
geben jene Zahlen dennoch ein erfreuliches Bild von der zunehmen-
den Leistungsfähigkeit der Bevölkerung und legen ein beredtes Zeugnis ab von dem wachsenden Wohlstand, dessen sich Spanien unter
der Regierung Ferdinands und Isabellas zu erfreuen hatte.

Dafs diese von dem eifrigsten Streben beseelt waren, ihn auf
alle Weise zu heben, zeigen die zahlreichen Verordnungen und Gesetze, die sie zum Schutze und zur Förderung des nationalen Handels
und Gewerbfleifses erliefsen. Mehrere Gesetze regelten bis ins einzelne
die Fabrikation und den Verkauf der Waren. So enthält eine
Verordnung vom Jahre 1494 [1]) die genauesten Bestimmungen über
die Anordnung der Läden und Schaufenster der Tuch- und Seiden-
händler, über die Fabrikation und den Verkauf der Seidenwaren [2]) [3]).
Ein anderes Gesetz vom Jahre 1500 verbietet die Einfuhr von Seidenwaren vom Auslande her [4]). Ebenso werden Gesetze erlassen, welche
die Einfuhr von Salz [5]) und die Ausfuhr von Pferden und Vieh [6])
mit den schwersten Strafen belegen. Doch auch der Handel und die
Schiffahrt hatten sich der gleichen Sorgfalt und Pflege zu erfreuen.
Ein Gesetz vom 20. März 1478 sichert allen denen, die Schiffe von
600—1000 Tonnengehalt bauen oder verwenden, eine jährliche Prämie
zu [7]). Ein anderes vom 21. Juli 1494 [8]) bestimmt, dafs die Vorsteher
der Handesgerichte in Burgos und Vilbao die Streitigkeiten unter
den Kaufleuten ohne Aufschub nach genauer Prüfung der Sachlage
und unter strenger Wahrung der kaufmännischen Ehre entscheiden
sollen. Ähnliche Bestimmungen treten noch für manche andere Städte
des Reiches in Kraft. Die Erwähnung der zahlreichen in Flandern,
Frankreich, Italien und England ansässigen Konsuln und Handelsagenten in demselben Gesetze zeigt, wie Uztariz hervorhebt, die

---

[1]) Sie findet sich in der spanischen Gesetzsammlung „Las leyes de Recopilacion", Buch V Tit. 12.

[2]) S. Uztariz a. a. O. p. 98.

[3]) Dieselbe Tendenz verfolgt ein im Jahre 1511 von Ferdinand und Isabellas Tochter Johanna erlassenes Gesetz (Recop. lib. 7 tit. 13), welches in 119
Paragraphen Vorschriften über die Fabrikation, das Färben und den Verkauf
von Tüchern erläfst. (Uztariz p. 98, 99.)

[4]) Nueva Recop. Buch 6 tit. 18 Ges. 49.

[5]) Nueva Recop. Buch 6 tit. 18 Ges. 52.

[6]) Nueva Recop. Buch 6 tit. 18 Ges. 12—29.

[7]) Nueva Recop. Bd. VII tit. 10 Ges. 7.

[8]) Nueva Recop. Buch III tit. 13 Ges. 1, 2.

grofse Bedeutung, welche Spaniens Handel damals für Europa hatte. Andere Gesetze verbieten die Beförderung spanischer Waren auf fremden Schiffen, wenn spanische Schiffe vorhanden sind[1]), sowie den Verkauf von Schiffen an Fremde, selbst an naturalisierte Ausländer[2]).

Dafs man schon zu jener Zeit der Ausfuhr von Edelmetallen aus Spanien entgegenzutreten suchte, ist um so bemerkenswerter, als die meisten jener Verbote zu einer Zeit erfolgten, wo Amerika noch gar nicht entdeckt war und dessen Gold und Silberreichtum also die spanischen Wirtschaftsverhältnisse noch nicht beeinflussen konnte[3]). So untersagt ein Gesetz von 1480[4]) die Ausfuhr von Gold, Silber und Kupfer sowohl in Barren als in Geräten oder Münzen. Die fremden Kaufleute, welche in Spanien Waren verkaufen, dürfen als Entgelt für dieselben kein Gold oder Silber ausführen, sondern müssen statt dessen andere Waren aufkaufen[5]), und die Bewohner der Provinzen Guipuscoa und Alava und der Grafschaft Viscaya, welche Schweine und Rindvieh vom französischen Gebiet und der Gascogne beziehen, werden ebenfalls angewiesen, diese nicht mit barem Gelde zu bezahlen, widrigenfalls sie in harte Geldstrafen genommen werden[6]).

Schliefslich wollen wir auch diejenigen Vorschriften nicht unerwähnt lassen, welche von den katholischen Königen zur Verhinderung eines übertriebenen Luxus erlassen wurden. Im Jahre 1494 erliefsen sie eine Pragmatica, welche die Einfuhr oder Anfertigung von Seidenstoffen, von Gold- und Silberstickereien und von mit Gold und Silber belegten Gegenständen verbot. Der eingestandene Zweck war, der Zunahme des Aufwandes und der Verschwendung der kostbaren Metalle Einhalt zu thun[7]).

---

[1]) Nueva Recop. Buch VII tit. 10 Ges. 3 v. J 1500.
[2]) Nueva Recop. Buch VII tit. 10 Ges. 6 v. J. 1501.
[3]) Ausfuhrverbote bez. der Edelmetalle finden sich sogar schon in den alten kastilianischen Gesetzen seit dem 14. Jahrh. Vergl. die Memorias de la Real Academia VI p. 275.
[4]) Nueva Recop. Buch VI tit. 18 Ges. 1.
[5]) Nueva Recop. Buch VI tit. 18 Ges. 10 v. J. 1491.
[6]) Nueva Recop. Buch VI tit. 18 Ges. 11. Über die Aus- und Einfuhrverbote dieser und der späteren Zeit vergl. auch die Novissima Recopilacion de las leyes de España, Buch IX.
[7]) Vergl. über die Gesetze gegen den Luxus dieser und der späteren Zeit Sempere, Historia del luxo y de las leyes suntuarias de España, Madrid 1788.

Überblicken wir die verschiedenen Mafsregeln, durch welche Ferdinand und Isabella das wirtschaftliche Wohl ihrer Unterthanen zu begründen suchten, so läfst sich nicht leugnen, dafs manche ihrer Verordnungen, namentlich diejenigen, welche die Förderung der Handelsbeziehungen und die Pflege der Schiffahrt begünstigen sollten, sicherlich nicht ohne segensreiche Folgen geblieben sind, indem sie eine ähnliche Wirkung erzielen mufsten, wie die zwei Jahrhunderte später erlassene englische Navigationsakte. In ihrem Bestreben aber, die edlen Metalle im Lande zu erhalten, zeigen die beiden Herrscher eine solche Kurzsichtigkeit und völlige Verkennung der wirtschaftlichen Aufgabe des Geldes, dafs die faktische Ausführung der betreffenden Gesetze den Handel des Landes völlig lahm gelegt hätte. Dafs dies dennoch nicht geschehen, ist nur eine Folge der steten Übertretung jener Gesetze, welche der völlige Mangel und die Unmöglichkeit einer sicheren Kontrolle den Kaufleuten gestattete.

Was die Luxusgesetze anbelangt, so finden sie sich als eine charakteristische Eigentümlichkeit der Regierungsmafsnahmen jener Zeit auch in vielen anderen Staaten in Geltung.

Vergleichen wir die hier namhaft gemachten Verordnungen mit dem, was früher über den Merkantilismus im allgemeinen gesagt ist, so werden wir wohl behaupten dürfen, dafs uns schon unter Ferdinand und Isabella recht beachtenswerte Anfänge der merkantilistischen Praxis entgegentreten, und können Roscher recht geben, wenn er von einer „schönen Einleitung eines Prohibitivsystems in Spanien unter Ferdinand und Isabella" spricht [1]. Allerdings waren es nicht mehr als Anfänge und Einleitungen, denn von einer systematischen Durchführung der merkantilistischen Forderungen konnte noch nicht die Rede sein. Diese blieb einer späteren Zeit vorbehalten.

Unter der Regierung Ferdinands und Isabellas hatte sich Spanien in politischer Beziehung einer verhältnismäfsigen Ruhe zu erfreuen gehabt. Als im Jahre 1516 nach Beseitigung ihrer unglücklichen Tochter Johanna deren Sohn, der nachmalige deutsche Kaiser Karl V., den spanischen Thron bestiegen hatte und so das Haus Habsburg zur Herrschaft gelangt war, mufste sich auch in der Entwickelung Spaniens in mehr als einer Hinsicht eine bedeutsame Wendung vollziehen.

---

[1] S. seinen Grundrifs zu den Vorlesungen über die Staatswirtschaft S. 65 f.

Spanien war infolge jener Ereignisse zu einem Teile des un-
geheuren Weltreiches geworden, welches aufserdem noch Deutschland,
die italienischen Lande, Burgund, die Niederlande und die Kolonieen
in Amerika und Asien in sich schlofs. Es ist hier nicht unsere
Aufgabe, die Folgen zu schildern, welche bei dieser seiner veränderten Stellung für Spanien nicht ausbleiben konnten, noch auch in-
teressieren uns an dieser Stelle die inneren Kämpfe, denen dasselbe durch die Rivalität der Stände, des Adels, der Geistlichkeit
und der Bürgerschaft, ausgesetzt war. Für uns kommen nur die
wirtschaftlichen Veränderungen in Betracht, welche mit dem Re-
gierungsantritt Karls V. in Spanien Platz griffen, und allerdings
von der politischen Entwickelung des Landes nicht unwesentlich,
dabei leider meist sehr ungünstig beeinflufst wurden.

Die Niederlage des spanischen Städtebundes, welcher gegen die
Errichtung einer absoluten Monarchie, wie sie Karl V. erstrebt, mit
allen Mitteln angekämpft hatte, schlofs eine starke Schädigung der
industriellen und kommerziellen Entwickelung des Landes in sich [1]),
und der Niedergang des Adels, dessen Macht gebrochen war und
der jetzt nicht mehr wie in früheren Zeiten im Religionskampfe
gegen die Araber eine wichtige Rolle spielen konnte, hatte zur Folge,
dafs die alten Adelsgeschlechter in Unthätigkeit verfielen und auf
ihren Schlössern in Pracht und Genufs dahinlebten, was notwendiger-
weise zu einer immer mehr sich steigernden Verschuldung des Grofs-
grundbesitzes führen mufste. Schlimmer noch als diese Übel waren
die Folgen der steten Geldverlegenheit, in welcher sich Karl V.
befand, indem einerseits seine prunkhafte Hofhaltung [2]), besonders
aber die beständigen Kriege, welche er in Deutschland sowie mit
Frankreich und den Türken zu führen hatte, ungeheure Summen ver-
schlangen. Karl V. sah sich besonders deshalb genötigt, seine
Bedürfnisse die namentlich Spanien und die Niederlande trafen,
zum grofsen Teile durch aufserordentliche Auflagen zu bestreiten,
da die Natur der ordentlichen Zölle und Steuern vom finanzpolitischen
Standpunkte aus eine intensive Erhöhung derselben nicht zuliefs,
und der Kaiser war einsichtig genug, um nicht durch ein bedeutend

---

[1]) Vergl. Havemann a. a. O. S. 174 ff.
[2]) So klagen die Cortes von Kastilien darüber, dafs während Ferdinand
und Isabella nur 12 000 maravedis pro Tag gebraucht haben, ihr Enkel Karl V.
täglich 150 000 maravedis verzehre. S. Ranke, Fürsten und Völker von Süd-
europa im 16. u. 17. Jahrhundert, Hamburg 1857, Bd. I p. 339.

stärkeres Anziehen der Steuerschraube die wirtschaftliche Entwickelung des Landes lahm zu legen, wodurch er sich der Aussicht
beraubt haben würde, auch in späteren Jahren seine Einnahmen auf
derselben Höhe zu erhalten [1]).
In Spanien bestand unter Karl V. im wesentlichen dasselbe
Steuer- und Abgabensystem, welches noch im Anfang des 18. Jahrhunderts in Geltung war und von dem uns Uztariz genauere Mitteilungen macht [2]) [3]).

Alle Staatssteuern [4]) zerfielen in die beiden Klassen der R e n -
t a s   p r o v i n c i a l e s   und der R e n t a s   g e n e r a l e s , welche zum
weitaus gröfsten Teil verpachtet waren. Die ersteren wurden nur
von den 22 Provinzen Kastiliens gezahlt, während die übrigen
Teile Spaniens: Aragonien, Katalonien, Valencia und die Balearen
statt dessen andere Abgaben zu leisten hatten [5]). Navarra nahm
wie noch in manchen anderen Beziehungen, so auch hinsichtlich der

---

[1]) „Ein Fürst,“ so sagt Karl V. zu seinem Sohne, dem nachmaligen König
Philipp II., „soll wohl bedenken, dafs je geringer die von ihm erhobenen Abgaben sind, um so gröfser die Menge der Waren sein wird, die von aufserhalb
zur notwendigen Bestreitung der Bedürfnisse der Unterthanen eingeführt werden.
Denn sind die Steuern gering, so machen die Kaufleute durch den Verkauf ihrer
Waren einen grofsen Profit. Aus demselben Grunde senden die Unterthanen die
Waren, die sie entbehren können, aus dem Lande. Auf diese Weise fliefsen
ihnen alle Bedürfnisse reichlich zu und sie häufen Geld auf, um dann leichter die
notwendigen Bedürfnisse des Fürsten und des Staates durch ihre Steuern decken
zu können.“ S. Mémoires et considérations sur le commerce et les finances d'Espagne I p. 236 f.

[2]) Im 19. Kapitel seines Werkes.

[3]) Eine Übersicht des spanischen Abgabesystems findet sich, unter Anleh-
nung an Uztariz, auch in den Mémoires et considérations sur le commerce et les
finances d'Espagne, letzter Teil: Considérations sur les finances d'Espagne p. 33.
Eine umfassende Darstellung des gesamten Steuersystems enthält das Werk von
F. G. F e r n a n d e z, Origen, progresos y estado de las rentas de la Corona de
España, su gobierno y administracion, 4 Bde., 8. Madrid 1805.

[4]) Aufser diesen wurden auch noch kommunale Abgaben erhoben, als indirekte städtische Steuer bei der Ein- und Ausfuhr von Konsumtibilien.

[5]) In K a t a l o n i e n zahlte man die K a t a s t e r - S t e u e r. Sie bestand in
einer Abgabe bis zu 10% des Ertrages von Feld- und Weideland, Häusern,
Mühlen, Gasthäusern, Geldkapitalien u. s. w. Ferner traf sie das Vermögen von
Händlern, Handwerkern, Arbeitern, und war endlich auch eine Kopfsteuer auf
Schlachtvieh, Haustiere u. s. w. Neben dieser Katastersteuer existierte noch die
B o l l a, eine Auflage von 15% vom Werte aller Fabrikate der Textilindustrie;
sie wurde nur beim Detailverkauf erhoben und glich in jeder Beziehung der
Alcavala. In A r a g o n i e n wurde anstatt der kastilischen Provinzialrenten ein
e q u i v a l e n t e (de las rentas provinciales) erhoben, eine Steuer von etwa 5 pesos

Besteuerung eine Ausnahmestellung ein, indem es von den Provinzialrenten völlig frei war und auch bezüglich der Generalrenten besondere Vergünstigungen genofs. Die Vorteile dieser speziellen Besteuerung machten sich für die betreffenden Gebietsteile namentlich in der späteren Zeit geltend, indem sie, abgesehen vielleicht von Katalonien, niemals in dem Mafse wie Kastilien unter dem Drucke der Steuern zu leiden hatten[1]), und Aragonien, welches auch in politischer Beziehung selbständiger dastand, gelang es nicht selten, durch Verweigerung neuer Abgaben sich vor allzustarker Belastung zu bewahren.

Unter den Rentas provinciales spielten die Alcavalas von jeher eine hervorragende Rolle, nicht allein deswegen, weil sie bedeutende Summen eintrugen, sondern namentlich weil die ganze Art ihrer Auflage danach angethan war, einen tiefgreifenden Einflufs auf das ganze Wirtschaftsleben des Landes auszuüben. Sie waren die älteste Steuer. Schon 1341 unter Alfons XI. in der Stadt Algeciras erhoben, wurde sie später auf ganz Kastilien ausgedehnt, und bestand in einer Abgabe für jeden Verkauf und Tausch von Waren, die der Verkäufer der Waren von dem erhaltenen Kaufpreise zu zahlen hatte. Ihre Höhe belief sich in der ersten Zeit ihres Bestehens auf 20% des Warenpreises, später auf 10%[2]), bis sie dann unter Karl V. allmählich auf 5% herabsank, indem die Regierung den Bitten der Cortes nachgab und die Steuer ermäfsigte[3]). Da sie, von einigen wenigen Ausnahmen abgesehen[4]), von jedem noch so geringfügigen Verkauf erhoben werden mufste, so stellten sich ihrer direkten Ein-

---

auf eine Familie, auf deren Vermögenslage Rücksicht genommen wurde. In Valencia bestand ein dem aragonischen fast gleiches Steuersystem. Eine der katalonischen Bolla ähnliche Auflage, die „derechos antiguos", wurde im Beginn des 18. Jahrh. unter Philipp V. aufgehoben. (Vergl. Uztariz a. a. O. Kap. 55 101 u. 102, Ulloa a. a. O. I, Kap. XVI—XIX.)

[1]) Vergl. Ulloa a. a. O. I, Kap. XVI, 133.
[2]) Nueva Recop. Buch IX tit. 17 Ges. 1 u. 3.
[3]) S. Ranke a. a. O. S. 334 f. Im Laufe der Zeit jedoch, als die Finanznot des Staates stetig wuchs, erfuhr die Alcavala wieder eine bedeutende Erhöhung so dafs sie beim Beginne des 18. Jahrhunderts auf 10% vom Wert der Ware sich belief. Übrigens wurde damals an ihrer Statt in einigen Gegenden die sogen. „Alcavala del Viento" erhoben, eine mäfsige Abgabe, die kaum 2—3% überschritt. Da ihre Erhebung jedoch nicht fest geregelt war, so stand es im Belieben der Steuerpächter, den einen mehr, den andern weniger scharf heranzuziehen. Vergl. Ulloa a. a. O. Kap. XIII, 101.
[4]) Lib. IX tit. 18 Ges. 8—41.

treibung so bedeutende Schwierigkeiten entgegen, dafs die meisten
Städte eine gewisse Pauschsumme, das Encabezamiento zahlten. Der
Alcavala waren mit Ausnahme der Geistlichkeit[1]) alle Stände ohne
Unterschied unterworfen; doch jene zahlten sie in sofern indirekt
ebenfalls, als durch die Alcavala die Waren verteuert wurden, und also
jeder der Steuer unterworfen war, der als Käufer auftrat. Es ist
klar, dafs eine solche Steuer, welche von einer einzigen Ware, so
oft sie aus der einen Hand in die andere ging, erhoben wurde, nicht
allein alle Verkaufsgegenstände enorm verteuern, sondern auch den
ganzen Handel des Landes aufs intensivste schädigen mufste, um so
mehr, als mit derselben zugleich auch noch eine andere Steuer, die
Tercias reales, verbunden war[2]). Aufserdem nennen wir nur noch
das Servicio ordinario y estraordinario, von denen jedoch
das letztere erst unter Philipp II. auferlegt wurde[3]).

Entgegen den ebengenannten Provinzialsteuern kommen die
Rentas generales in ganz Spanien gleichmäfsig, ohne Rücksicht auf Standesunterschiede, zur Erhebung. Unter ihnen sind die
Aduanas (Zölle im eng. Sinne) bei weitem die einträglichsten,
was ja auch sehr erklärlich ist, wenn wir bedenken, dafs alle die
einzelnen Provinzen des Landes gegenseitig von Zolllinien einge-
schlossen waren. Die Aduanas bestanden in einer Abgabe von
15% vom Werte aller Waren, die, sei es von der einen Provinz
in die andere, oder im Verkehr mit dem Auslande ein- und ausgeführt wurden. Einen besonderen Teil derselben bildeten die Almojarifazgos, welche noch seit der Araberherrschaft in Geltung
waren und in den Häfen Südspaniens erhoben wurden. Unter ihnen

---

[1]) Lib. IX tit. 18 Ges. 6—7.

[2]) Seit 1664 wurden mit der Alcavala auch noch die Quatro unos por
ciento (4 mal 1%) erhoben, die von den versammelten Ständen dem König
bewilligt worden waren, und zwar

das erste % im Jahre 1639
„ zweite % „ „ 1642
„ dritte % „ „ 1656
„ vierte % „ „ 1664.

Vergl. auch Ulloa, a. a. O. I p. 21.

[3]) Seit 1601 wurden aufser den hier namhaft gemachten Steuern u. a. auch
noch die Millones von allerlei Konsumtionsartikeln, wie Wein, Fleisch, Öl,
Fisch u. s. w. erhoben, und selbst die Geistlichkeit war dieser Abgabe unterworfen. Vergl. Laet, Hispania, p. 402. Übrigens weist Ulloa darauf hin, dafs
dieselbe weit weniger drückend empfunden werde als die Alcavala und die
Cientos. Vergl. a. a. O. I, Kap. II, 24 u. Kap. III, 35—38.

repräsentiert vor allem der Almojarifazgo mayor de Sevilla bedeutende Summen. In dieser Stadt bestand auch ein spezieller Almojarifazgo de las Indias für alle Waren, welche nach Indien gingen oder von dorther importiert wurden [1]).

Zu den Aduanas sind auch die Puertos secos zu rechnen, ein Zoll von 10% auf alle Waren die auf dem Landwege im Verkehr Kastiliens mit Valencia, Aragonien, Navarra und an andern Teilen Spaniens die Zollgrenze passieren [2]).

Waren die Aduanas dazu angethan, einer gedeihlichen Entwickelung des Handels die schwersten Fesseln anzulegen, so mufste der Servicio y montazgo die spanische Viehzucht stark beeinträchtigen. Dieser Zoll, im Jahre 1457 von Heinrich IV. eingeführt [3]), traf alle Herden, welche mit Beginn des Frühlings nach Estremadura auf die Weide zogen, um im Herbst wieder zurückzukehren, wurde also in jedem Jahr von einer Herde zweimal erhoben [4]). Doch war dem Herdenbesitzer das Privilegium der Mesta erteilt, nach welchem die Herden in dem von ihnen durchzogenen Gebiete freie Weide hatten, weshalb dort kein Landmann seine Äcker einhegen durfte. Dies hatte zur Folge, dafs jener bald kein Interesse mehr an der Bestellung derselben hatte und sie deshalb brach liegen liefs, wodurch naturgemäfs der ganzen Landwirtschaft unberechenbarer Schaden zugefügt wurde.

Von den sonstigen zahlreichen Generalrenten nennen wir noch die Salz- und Tabaksteuer, welche vermittelst der betreffenden Regalien, zu denen noch dasjenige der Fabrikation und des Verkaufs von Spirituosen gehörte, in der Weise zur Erhebung gelangten, dafs der König den Preis des Salzes und Tabaks festsetzte.

Da die Mehrzahl dieser Steuern indirekte und Ertragssteuern waren, so könnte eine intensive Erhöhung derselben nur auf Kosten der gedeihlichen Entwickelung der Volkswirtschaft stattfinden. Wir hoben schon früher hervor, dafs Karl V. darauf bedacht war, seine Geldbedürfnisse in erster Linie aus den spanischen und niederländischen Einkünften zu befriedigen. Spanien hatte bei seiner relativen Armut am meisten unter dem Drucke dieser Steuern zu leiden,

---

[1]) Über die Almojarifazgos vgl. die Nueva Recopilacion Buch IX tit. 26. Ferner: die Sammlung von Verordnungen der Kommerz-Bibliothek in Hamburg sowie Laet, Hispania a. a. O. p. 401.

[2]) Laet a. a. O. p. 402.

[3]) Das betreffende Gesetz findet sich Nueva Recop. lib. IX tit. 27 Ges. 1.

[4]) Vergl. Laet a. a. O. p. 402.

zumal es auch zu den aufserordentlichen Abgaben in erster Linie herangezogen wurde. Dennoch war Karl V. weit davon entfernt, alle seine
ökonomischen Mafsnahmen ausschliefslich unter den Gesichtspunkt der
Erreichung günstiger finanzieller Resultate zu stellen; und wie er in
politischer Beziehung, wie wir sahen, die Kräftigung der königlichen
Gewalt in Spanien durch die Unterdrückung der Vorrechte der
Provinzen und Städte zu erreichen strebte, so bemühte er sich auch,
die wirtschaftliche Stellung des Landes den fremden Staaten gegenüber zu einer möglichst selbständigen zu machen, indem er jede
wirtschaftliche Abhängigkeit vom Auslande als einen Verderb für das
Land ansah. In diesem Sinne sind denn auch alle Verordnungen
zu betrachten, welche er im Interesse des Handels und der Industrie
erliefs. Dieselben beschränkten sich zum grofsen Teil darauf, die
von seinen Grofseltern erlassenen Gesetze weiter auszuführen und
zu verbessern. So dienen die 4 Gesetze [1]) vom 14. November 1528,
vom 22. März 1529, vom 26. Februar 1549 und vom 5. April 1552
als Ergänzung zu den früher namhaft gemachten Gesetzen Ferdinands
und Isabellas, betreffend die Fabrikation und den Verkauf von
Tüchern und sonstigen Webstoffen [2]). Besonders war es auch die
mit den Jahren immer mehr zunehmende Geldausfuhr aus Spanien,
welche Karl V. zu ähnlichen Mafsnahmen veranlafste wie seine
Vorgänger. Es hatte sich bei den Ausländern allmählich die Praxis
ausgebildet, ihre Geschäfte, soweit dies anging, nicht mehr in Spanien
selbst abzuschliefsen, sondern in direkten Verkehr mit den spanischen Kolonieen zu treten; vor allen waren es die Holländer und Engländer, welche auf diese Weise den gröfsten Teil des spanischen
Kolonialhandels in ihre Hände bekommen hatten. Das im Jahre
1523 im Auftrage Karls V. von dessen Sohne, dem späteren Könige
Philipp II., erlassene Gesetz [3]) verbietet deshalb rundweg jedem
Ausländer, mit den spanischen Kolonieen Amerikas in direkten Verkehr zu treten.

Aus einem Gesetz vom Jahre 1550 [4]) ersehen wir auch, dafs die
Geldentwertung in Spanien schon gewisse Fortschritte gemacht,
welche die Ausländer in ihrem Interesse zu verwerten suchten. Sie
bezahlten nämlich für das Edelmetall mehr Scheidemünze, als es in

---

[1]) Nueva Recop. VII tit. 14—17.
[2]) S. auch Uztariz a. a. O. p. 99.
[3]) Nueva Recop. Lib. VI tit. 18 Ges. 2, 4, 5.
[4]) Nueva Recop. Lib. VI tit. 18 Ges. 6.

Spanien wert war, um auf solche Weise dasselbe dem Lande zu entziehen, welches dadurch mit Kupfergeld überschwemmt wurde. Um diesem Übelstande abzuhelfen, fixierte jenes Gesetz von neuem das Wertverhältnis der Edelmetalle zur Kupfermünze [1]. Schon im Jahre 1525 hatte Karl V. mit aller Strenge auf die früher gegebenen Vorschriften hingewiesen, welche dem unaufhaltsamen Eindringen von Kupfer und Scheidemünze in Spanien ein Ziel setzen sollten [2]. Wie die genannten Verordnungen, so zeigen auch die von Karl V. erlassenen Gesetze zur Bekämpfung des Luxus, wie derselbe bemüht war, auf den von seinen Vorfahren eingeschlagenen Bahnen weiter vorzugehen. In dem betreffenden Gesetz [3] vom Jahre 1534 wird bedauert, „dafs die von Ferdinand und Isabella erlassenen Verbote nicht ganz den gehegten Erwartungen entsprochen haben, indem noch fortdauernd in der Tracht ein übermäfsiger Luxus herrsche, wodurch nicht allein bedeutende Kapitalien vergeudet, sondern auch die guten Sitten verletzt werden". Madrid nahm eben damals in Modeangelegenheiten eine ähnliche dominierende Stellung in Europa ein, wie später Paris und der Hof zu Versailles. Es werden daher nochmals eingehende Bestimmungen erlassen über das Tragen von Kleidungsstücken, an denen jeder Besatz mit Gold und Silber, mit Perlen und Edelsteinen verboten ist, und nur in gewissen Fällen sind Ausnahmen zulässig.

Es läfst sich kaum verkennen, dafs alle die genannten Mafsnahmen, welche mit denen der katholischen Könige ihrem Wesen nach völlig übereinstimmen, gerade so wie diese ein entschieden merkantilistisches Gepräge an sich tragen. Dies tritt auch hervor in den Bemühungen Karls V., die spanische Industrie durch gesetzliche Vorschriften zu heben. Er sucht die Ausfuhr spanischer Wolle zu erschweren, damit dieses Rohmaterial im Inlande zur Fabrikation verwandt werde [4], und bestimmt, dafs denen, die Wolle in Spanien aufkaufen, um sie ins Ausland zu exportieren, die Hälfte derselben genommen werden könne, und zwar gegen Erstattung des Einkaufspreises, um sie denen zu überlassen, welche dieselbe in Spanien selbst verarbeiten lassen wollen [5]. Von

---

[1] Vergl. hierüber Lexis, Beiträge zur Statistik der Edelmetalle in Conrads Jahrb. Bd. XXXIV p. 376 ff.
[2] Nueva Recop. Buch VI tit. 18 Ges. 55.
[3] Nueva Recop. Buch VII tit. 12 Ges. 1.
[4] Nueva Recop. Lib. VII tit. 18 Ges. 45 vom Jahre 1552.
[5] Nueva Recop. Lib. VII tit. 18 Ges. 46 v. 14. Aug. 1551. Auch bei Uztariz p. 99.

— 31 —

dem gleichen Streben, dem heimischen Gewerbfleifs ein im Lande
selbst erzeugtes Rohmaterial zu verschaffen. um auf solche Weise
das Inland vom Auslande möglichst unabhängig zu machen, waren
auch diejenigen Gesetze diktiert, welche die Ausfuhr von Häuten,
Leder [1]) und Rohseide [2]) in irgend einer Form untersagen und! beide
im Jahre 1552 erlassen wurden. Die Seidenzucht, welche in den
Königreichen Granada und Almería zu hoher Blüte gelangt war,
drohte dadurch in ihrem alten Rufe geschädigt zu werden, dafs sowohl die Seidenwurmeier als auch die Maulbeerbäume zum Teil
aus der Provinz Murcia, dem Königreich Valencia und andern
Teilen Spaniens, wo die·Rohseide von untergeordneter Qualität
war, nach jenen Gegenden importiert wurden. Karl V. verbot deshalb diesen Import unter allen Umständen [3]). Zum weiteren
Schutze der einheimischen Industrie wurde die Ausfuhr von Roh-
eisen und Stahl. wenigstens vorläufig [4]), dagegen die Einfuhr ausländischer, namentlich französischer Tücher gänzlich untersagt [5]).

So sehen wir denn. dafs Karl V. es an Vorschriften und Gesetzen nicht fehlen läfst. um dem Handel und den Gewerben seines
Landes jegliche Förderung angedeihen zu lassen. Aus den von uns
angeführten Mafsregeln wird zur Genüge die merkantilistische Tendenz klar geworden sein, die in ihnen allen hervortritt, und zwar
oft in einer solchen Einseitigkeit, dafs unmöglich von ihnen ein
wirklicher Nutzen für das wirtschaftliche Gedeihen des Landes erwartet werden konnte. Mufste dies schon dazu beitragen, der
Entwickelung des spanischen Nationalwohlstandes, dessen Beginn
wir unter Ferdinand und Isabella konstatieren konnten, hemmend
entgegen zu treten, so geschah dies noch mehr durch einen Umstand,
der gerade unter Karl V. sich zuerst in fühlbarster Weise bemerk-
lich machte; wir meinen den Mangel an grofsen inländischen Kapita-
listen und Unternehmern [6]). Dieser Umstand war um so verhängnis-
voller für das Land, als gerade die konkurrierenden Staaten, in
erster Linie Holland. sodann auch England in dieser Hinsicht sehr

---

[1]) Nueva Recop. Lib. VI tit. 18 Ges. 47 v. Jahre 1552.
[2]) Nueva Recop. Lib. VI tit. 18 Ges. 50 v. Jahre 1552.
[3]) Nueva Recop. Lib. VI tit. 18 Ges. 54 v. Jahre 1537.
[4]) Nueva Recop. Lib. VI tit. 18 Ges. 51 v. Jahre 1537. Es wurde von Philipp II. im Namen Karls V. erlassen. Vergl. auch Uztariz p. 99.
[5]) Nueva Recop. Lib. VI tit. 18 Ges. 53 v. Jahre 1532.
[6]) Vergl. Sempere a. a. O. I p. 154 ff.

günstig gestellt waren, was dann die natürliche Folge hatte, dafs
der ganze überseeische Handel in die Hände dieser Staaten zu
gehen drohte, wie auch Holländer und Engländer es waren, die nicht
allein den Handel mit den spanischen Kolonieen zu beherrschen an-
fingen, sondern auch in Spanien selbst alle gröfseren Handels- und
Industrieunternehmungen in ihren Besitz nahmen. Dieser Umstand,
welcher eine Hauptkalamität für Spanien während aller der nach-
folgenden Jahrhunderte blieb und dem Lande Millionen entzog, begann
unter Karl V. zum ersten Male seine verhängnisvollen Folgen zu zei-
tigen, und deshalb weisen wir schon hier auf denselben hin, da er bei
allen späteren Schriftstellern, so auch besonders, wie wir sehen werden,
bei Uztariz und Ulloa, einen Hauptgegenstand ihrer Klagen bildet.

Dennoch aber läfst sich, nach dem übereinstimmenden Urteil
der damaligen Schriftsteller, wie Karls V. Biograph, des Pater San-
doval u. a., wohl behaupten, dafs unter Karl V. der wirtschaftliche
Zustand Spaniens ein recht günstiger war. Jener zeigte das ernste
Streben, seinem Lande zu helfen, den Unterthanen den Druck der
Steuern möglichst zu erleichtern, und von dem Glanze, welcher den
Thron des mächtigsten Herrschers der Welt umgab, mufste ein
Strahl auch auf Spanien fallen, der seinen Bewohnern im Auslande
Achtung verschaffte.

Als mit der 1556 stattgehabten Abdankung Karls und seinem
bald darauf erfolgten Tode sein Sohn Philipp II. den spanischen
Thron bestieg, waren die Folgen dieses Regierungswechsels für die
wirtschaftliche Lage des Landes nicht weniger bedeutend, als beim
Antritt Karls V. Zwar war in dieser Hinsicht der Umstand, dafs
die deutschen Länder einen anderen Herrscher erhielten, und somit
nur die Niederlande, die Franche-Comté, die italienischen Lande
und die amerikanischen Kolonieen — immerhin noch ein enormes
Landgebiet — mit Spanien vereint blieben, nicht weiter von Belang,
denn zu einer Zeit, wo selbst die Provinzen desselben Landes nicht
nur durch Zollgrenzen gegeneinander abgeschlossen, sondern sogar, wie wir dies unter Karl V. gesehen, durch Ein- und Ausfuhrverbote in ihrem freien Verkehr miteinander beschränkt waren und
sich in wirtschaftlicher Beziehung wie fremde Länder gegenüber-
standen [1]), konnte der Nutzen einer politischen Zusammengehörigkeit
ein nur sehr geringfügiger sein; aufserdem hatte Deutschland von
jeher im Vergleich zu anderen Ländern mit Spanien nur geringe

---

[1]) Vergl. Ulloa a. a. O. I, Kap. VII, 60.

Handelsbeziehungen gehabt. So hatte denn die Trennung des Reiches für Spaniens Handel und Industrie in dieser Hinsicht keine weittragenden Konsequenzen. Weit nachteiliger für die Entwickelung derselben war die Rücksichtslosigkeit, mit welcher Philipp II. sein ganzes Interesse auf die Befestigung seiner Macht und der Herrschaft seiner Kirche konzentrierte. Sie trieb ihn zur unnachsichtlichen Verfolgung der Mauren und Protestanten in Spanien, wozu ihm die Inquisition eine bequeme Handhabe bot. In blutigen Kämpfen wurden die Morisken, welche die stete Bedrückung zum Aufstand gereizt hatte, nieder geworfen und Tausende von Christen kamen auf dem Scheiterhaufen ums Leben, zahlreiche Scharen wanderten aus [1]). Dieser Glaubensfanatismus war es auch, der Philipp II. zum Kampfe gegen die Niederlande anspornte, in denen der neue Glaube Eingang gefunden hatte. Seit dem Jahre 1568 wurde der Krieg mit der gröfsten Heftigkeit und wechselndem Erfolge geführt, bis endlich das Jahr 1648 den Niederländern die ersehnte Freiheit brachte. Mit mehr Glück kämpfte Philipp II. gegen Frankreich und die Türken, welchen letzteren er in der Seeschlacht bei Lepanto eine empfindliche Niederlage beibrachte.

Es bedurfte eines kurzen Hinweises auf diese bekannten politischen Ereignisse, um völlig den Einflufs würdigen zu können, welchen sie allein schon auf die wirtschaftliche Lage Spaniens und die Finanzverhältnisse des Staates ausübten. Die Inquisition und der jahrelange Kampf gegen die Moriskos mufste Tausende von ruhigen Bürgern ihrer friedlichen Thätigkeit entziehen, sie dem Elend und dem Tode preisgeben und somit Industrie und Gewerbe des Landes auf das empfindlichste schädigen [2]). In derselben verderblichen Richtung wirkte der Glaubenseifer Philipps II., der sich auch auf seine Unterthanen verpflanzte, und schliefslich zu der verhängnisvollen Praxis führte, dafs jeder, welcher in seinem Gewerbe kein hinreichendes Auskommen mehr glaubte finden zu können, in ein Kloster ging, wo dann die reichen Dotationen und Pfründen, mit denen die Könige ihre Kirche ausgestattet hatten, für seinen Unterhalt sorgten. Für den Anfang des 18. Jahrhunderts berechnet Uztariz die Zahl der Geistlichen in Spanien nebst ihren Angehörigen auf den 30. Teil

---

[1]) Nach Laet (a. a. O. p. 103) richtete sich die Auswanderung derselben nach Deutschland, Holland und dem Orient.

[2]) Vergl. hierüber F. Janer, Condicion social de los moriscos de España, causa de la espulsion y consequencias que esta produjo en el órden económico y politico. Madrid 1 57.

der Gesamtbevölkerung, d. h. auf 50 000 vecinos = 250 000 Seelen [1]).
Alle diese Geistlichen waren naturgemäfs der produktiven Thätigkeit
entzogen und fielen der übrigen Bevölkerung zur Last, der ihr Unterhalt in letzter Instanz anheimfiel. Einen nicht minder schädigenden
Einflufs auf das gewerbliche Leben des Volkes übten die zahllosen
kirchlichen Festtage aus. Selbst kirchlich so strenge Männer
wie die Jesuiten Navarrete und Saavedra konnten sich diesen Thatsachen nicht verschliefsen und redeten der Abstellung jener Schäden
dringend das Wort [2]).

Nicht minder als diese Zustände fügte die wachsende Finanznot Philipps der spanischen Volkswirtschaft beträchtlichen Schaden
zu. Schon Karl V. hatte stets über Geldmangel geklagt, und doch
waren die Verhältnisse ungleich bessere als jetzt. Die Niederlande
waren unter Karl V. das Land, das ihm vor allen anderen, selbst
Spanien nicht ausgenommen, den gröfsten finanziellen Ertrag lieferte.
Und gerade im Kampfe mit ihm rieb Philipp jetzt seine ganzen Kräfte
auf, so dafs es nun nicht nur nichts mehr eintrug, sondern im
Gegenteil ungeheure Summen verschlang [3]). Letztere konnten nur
dadurch beschafft werden, dafs immer höhere Steuern aufgelegt wurden und kein Mittel unversucht blieb, um der ohnehin nicht reichen
Bevölkerung weitere Summen abzupressen.

Die Folgen dieser Mafsnahmen auf den wirtschaftlichen Zustand des Landes zeigten sich bald. Wenn auch im Beginne der
Regierungszeit Philipp II. Handel und Gewerbfleifs sich einer grofsen
Blüte erfreuten, der Handel mit Amerika einen Gewinn von mehr
als 4—500 % einbrachte, so ging es doch seit dieser Zeit mit dem
ganzen nationalen Wohlstand des Landes bergab [4]) und führte schliefslich zu den beklagenswerten Zuständen, wie wir sie am Ende des
17. Jahrhunderts in Spanien als die herrschenden vorfinden, obwohl
nicht zu leugnen ist, dafs der König nichts unversucht liess, um diese
verderbliche Entwickelung, die ihm selbst nicht verschlossen blieb,
aufzuhalten und womöglich noch zurückzudrängen.

Die Tuch- und Seidenindustrie in Südspanien hatte, wie wir

---

[1]) S. a. a. O. p. 38.
[2]) Vergl. Navarrete „Conservacion de Monarquias“, disc. 13 u. 43—46
und Saavedra „Empresas políticas y Christianas“, disc. 66 u. 71.
[3]) Vergl. Ranke a.ʿa. O. p. 356 ff., welcher dort die finanzielle Lage Spaniens unter Philipp II. eingehend behandelt.
[4]) Vergl. Mémoires et considérations sur le commerce et les finances d'Espagne I, Kap. X.

sahen, allen Herrschern sehr am Herzen gelegen und sie zu ausgedehnten Mafsnahmen zum Schutze derselben veranlafst. Auch Philipp II. unterliefs es nicht, durch spezialisierte Vorschriften über die Herstellung der Tuche, das Weben der Seide und das Gewicht derselben beim Verkauf die Gesetze seiner Vorgänger zu vervollständigen [1]). Auch er geht gegen den übertriebenen Kleiderluxus vor [2]). Bei ihm finden wir auch zum ersten Male eine durch Gesetz normierte Getreide- und Brottaxe vom Jahre 1558, die in den weiteren Jahrzehnten noch einige Zusätze erhielt [3]). Erst durch ein Gesetz Karls III. vom 11. Juli 1765 wurde die Getreidetaxe völlig abgeschafft [4]) und damit der Getreidehandel endgültig freigegeben.

In den 42 Jahren der Regierung Philipp II. hatte, wie schon bemerkt, die wirtschaftliche Lage Spaniens eine beklagenswerte Wendung genommen. Das Land, welches er von seinem Vorgänger bei blühendem Handel und lebhafter Industrie erhalten, hinterliefs er in einem Zustande zunehmender Verarmung seinen Nachfolgern, deren Herrschaft das ganze 17. Jahrhundert ausfüllte, und bei deren vollständiger Unfähigkeit und Schwäche Spanien immer tiefer von seiner einstigen Höhe herabsank.

Philipp III. (1598—1621) hatte von seinem Vater auch Portugal geerbt, welches im Jahre 1581 zur spanischen Provinz gemacht worden war, doch nur um das blühende Land durch die Veräufserung seiner Krondomänen und die drückendsten Steuerauflagen aller Art mit hineinzuziehen in das allgemeine Verderbnis, welches über Spanien hereinbrach. Wie sehr unter Philipp III. die Finanznot gestiegen war, zeigte schon der Umstand, dafs man zu dem verzweifelten Mittel schritt, den Nominalwert des Kupfers zu verdoppeln und man für 6 320 440 ducat. Kupfermünzen nach diesem Satze umprägen liefs [5]). Die Folge dieser Mafsnahmen war natürlich, dafs vom Auslande her in grofsen Massen Kupfermetall eingeführt und dafür Silber ausgeführt wurde, und so wird es begreiflich, dafs sich trotz der starken Silbereinfuhr aus Amerika kaum eine einzige Silbermünze im Lande vorfand. Die Aduanas stiegen auf 30 %

---

[1]) Nueva Recop. Lib. 5 tit. 12 Ges. 12, 21, 22 u. 23.

[2]) Nueva Recop. Lib. VII tit. 12 Ges. 4, Lib. VI tit. 18 Ges. 59. Auch bei Uztariz p. 100.

[3]) Nueva Recop. Lib. V tit. 25 Ges. 1, 2, 3, 4 (v. J. 1566), 4 (v. J. 1570), 5 u. 6 (v. J. 1582), 7 (1591) u. 11 (1598).

[4]) Nueva Recopil. Buch V tit. 25 Ges. 15.

[5]) S. Ranke a. a. O. p. 387.

vom Nennwert der Waren, was teils zur Vernichtung des Handels, teils zu einem ausgedehnten Schleichhandel führte [1]). Damals wurde auch die von uns schon genannte Steuer der M i l l o n e s geschaffen, welche alle Konsumtionsartikel einer intensiven Belastung unterwarf und dieselben maßlos verteuerte [2]).

Zu dem allen gesellten sich noch die unheilbaren Konsequenzen, welche die gänzliche Vertreibung der Morisken aus Spanien nach sich zog. Gegen 1 Million Menschen [3]) mußten ihr Heimatland verlassen, um sich in Nordafrika von neuem anzusiedeln. Es hält schwer, sich eine Vorstellung zu machen von den enormen wirtschaftlichen Verlusten, welche Spanien durch diese Maßregel erlitt [4]). Ausschließlich den Morisken war es zu verdanken, wenn in dem von der Natur so reich gesegneten Südspanien der Ackerbau und die Industrie zur höchsten Blüte gelangt war. Durch ihre Vertreibung wurden alle diese glänzenden Resultate vernichtet und blühende Länderstriche der Verödung preisgegeben. Wenn auch Philipp III. wieder Verbote der Einfuhr von Seide [5]) und Schmucksachen [6]) erließ, so mußten diese, selbst ihre Angemessenheit vorausgesetzt, bei dem gänzlichen Daniederliegen der Industrie und des Handels völlig resultatlos bleiben.

Auch die Regierung Philipps IV., der 1621 als 16jähriger Jüngling zum Thron gelangt, von dem Herzog von Olivarez sich leiten ließ, vermochte keine Änderung dieser Zustände zu bewirken. Zwar ist ja bekannt, daß Olivarez ernstliche Versuche machte,

---

[1]) S. Ranke a. a. O. p. 388.

[2]) Wenn die Produktionskosten von 1 *ll.* Rohseide in Granada sich auf 26 Realen beliefen, so waren von demselben allein dort an Steuern der verschiedensten Art 17 Realen und 16 maravedis zu zahlen. Bei der Einfuhr nach Sevilla mußten wiederum 11 Realen an Abgaben entrichtet werden, so daß die Steuer im ganzen 28 Realen 16 maravedis betrug, d. h. mehr als der Herstellungspreis der Ware. Vergl. Ulloa a. a. O. I, Kap. III, 32; Uztariz Kap. 79 u. 97. Andere Beispiele dieser Art finden sich bei Uztariz, Kap. III, 30 u. 32.

[3]) Bei Laet (a. a. O. p. 103) heißt es hierüber: In totum autem ex omnibus Hispaniae reliquis nongenta millia capitum excesserunt constans fama est: ita ut multae Provinciae pene exhaustae fuerint et horum hominum singulari industria et cultu destitutae langueant.

[4]) Vergl. die Mémoires et considérations sur le commerce et les finances d'Espagne, I p. 390. Der Verfasser dieses Werkes gibt ebenfalls die Zahl der vertriebenen Mauren auf 1 Million an.

[5]) Nueva Recop. Lib. V tit. 12 Ges. 24 u. 25 (v. J. 1599).

[6]) Nueva Recop. Lib. VII tit. 12 Ges. 2 (v. J. 1600), 7 (v. J. 1604) und 8 (v. J. 1611).

eine Wendung zum Bessern herbeizuführen. Da der durch die
Taxen und Verkaufsvorschriften gehemmte Verkehr, namentlich nach
einer Mifsernte, häufig Kornmangel und sogar Hungersnot hervorgerufen hatte, so gestattete ein Gesetz vom Jahre 1632 den Bauern,
das geerntete Getreide nach ihrem Belieben und zu jedem Preise
zu verkaufen [1]). In demselben Jahre stellten die zu Madrid versammelten Cortes von Kastilien dem Könige vor, dafs durch die
Einfuhr ausländischen Getreides der Bauer sich in seinem Verdienst
geschädigst sehe, die ganze Landwirtschaft darunter leide, wie dasselbe, von schlechter Beschaffenheit, der Gesundheit nachteilig sein
müsse und endlich auch dazu beitrage, das Gold und Silber dem
Lande zu entziehen. Die Regierung gab den Bitten nach und verbot die Getreideeinfuhr aus dem Auslande, jedoch nur für einen
Teil des Staates, indem ausdrücklich die Provinzen Murcia, Galicia,
Asturia, Viscaya, Guipuscoa und Alava in dem Gesetze ausgenommen
waren und auch den übrigen Provinzen freie Einfuhr gestattet sein
sollte, sobald das Bedürfnis nach Getreide dies erforderlich mache [2]).
Bei den zerfahrenen Münzverhältnissen des Landes ist es nicht zu
verwundern, wenn auch Philpp IV. nochmals, wie seine Vorgänger,
die Einfuhr von Kupfergeld und die Ausfuhr von Silber mit erhöhten
Strafen belegte, unter Umständen sogar mit dem Tode bedrohte,
ohne damit dem Übel irgendwie steuern zu können [3]). Dasselbe gilt
von den ausführlichen Verordnungen, welche er zur Bekämpfung des
Schleichhandels erliefs [4]).

Die Schuld an den herrschenden Mifsständen, die doch in erster
Linie eine Folge der verkehrten Regierungspolitik waren, schob man,
wie gewöhnlich, der ausländischen Konkurrenz zu, um sodann zu
dem beliebten Mittel des Einfuhrverbotes zu greifen, obgleich die
Erfahrung sehr wohl hätte lehren können, wie nutzlos ein solches
Beginnen sein würde. So heifst es in einem Gesetze Philipps IV.
vom Jahre 1632 [5]), dafs die Einfuhr gewisser Fabrikate, wie Tapeten,
Betten, Teppiche, Kleidungsstücke und andere aus Baumwolle, Lein-

---

[1]) Nueva Recop. Lib. V tit. 25 Ges. 13. Die endgültige Abschaffung der
Getreidetaxen fand, wie bemerkt, erst 1765 statt.
[2]) Nueva Recop. Lib. VI tit. 18 Ges. 64.
[3]) Nueva Recop. Lib. VI tit. 18 Ges. 60 u. 61.
[4]) Vom 22. Oktober 1648, vom 1. Januar 1650 und vom 29. Oktober 1663.
Sie finden sich in den Sammlungen spanischer Verordnungen der Kommerz-
Bibliothek zu Hamburg.
[5]) Nueva Recop. Lib. IV tit. 18 Ges. 32. Auch bei Uztariz p. 100.

wand, Leder, Messing, Steinen u. s. w. hergestellte Waren, als unnütze Kostbarkeiten nur dazu dienen könnten, das Kapital des Landes aufzuzehren, Arbeitsmangel hervorzurufen und die betreffenden Fabriken zu schädigen. Es wird deshalb mit geringen Ausnahmen allen Waren der Textilindustrie, sowie den Leder-, Elfenbein- und anderen Fabrikaten der Import nach Spanien untersagt. Eine willkommene Handhabe zur Ausschliefsung der fremden Konkurrenz bot sich der Regierung in dem bestehenden Kriegszustand mit anderen Staaten. Jeder Handel mit ihnen wurde auf das strengste verboten und kein Handelsschiff der betreffenden Nation durfte sich in den spanischen Häfen blicken lassen. Eine am 16. Mai 1628 erlassene Verordnung richtet sich in dieser Weise gegen England und die Niederlande, welche letztere ja erst 1648 von Spanien als selbständig anerkannt wurden [1]). Nicht minder ward auch Frankreich von dieser Mafsregel betroffen. ebenso Portugal, welches durch die fortgesetzte Bedrückung seitens der Spanier zum Aufstand gereizt wurde, der im Jahre 1640 mit der Losreifsung des Landes von Spanien seinen Abschlufs fand. Eine solche rigorose Ausschliefsungspolitik kann aber nur dann mit einigem Erfolge betrieben werden, wenn die Kräfte des Staates hinreichen, um dem Auslande die Spitze zu bieten; die bezüglichen Mafsnahmen werden aber dann völlig illusorisch und schlagen ins gerade Gegenteil um, sobald ein unglücklicher Krieg dem Lande ungünstige Friedensbedingungen auferlegt. In dieser bedenklichen Lage befand sich Spanien, und so sehen wir, wie der Westfälische Friede die Regierung nötigt, den Engländern und Niederländern dieselben ausgedehnten Vergünstigungen und Privilegien zu bewilligen wie den Hansestädten. welche am 26. Januar 1648 mit Spanien einen Handelsvertrag geschlossen hatten [2]). Auch die weiteren Friedensverträge mit England vom 23. Mai 1667, mit Portugal vom 13. Februar 1668 und mit Frankreich vom Jahre 1697 zwangen das besiegte Spanien zu Handelsverträgen, welche, wenn auch formell auf dem Boden der Gleichberechtigung der beiden abschliefsenden Parteien stehend. dennoch dem ausländischen Handel in Spanien faktisch Thür und Thor öffneten und das Land wirtschaftlich in völlige Abhängigkeit vom Auslande brachten, da Spaniens Wohlfahrt so sehr daniederlag, dafs an eine ernstliche

---

[1]) Sie findet sich in der Sammlung spanischer Verordnungen der Kommerz-Bibliothek zu Hamburg.

[2]) Die betr. Verträge befinden sich ebenfalls in der genannten Sammlung der Kommerz-Bibliothek zu Hamburg.

Konkurrenz mit den fremden Staaten nicht gedacht werden konnte [1]. Die letztgenannten Verträge fallen schon in die Regierungszeit Karls II., welcher im Jahre 1665 als 4jähriges Kind, körperlich und geistig schwach, seinem Vater auf dem Throne folgte. Unter ihm erblicken wir Spanien im Zustande des gröfsten Verfalls und Elends, und alle die traurigen Folgen einer Regierungspolitik, die jahrhundertelang die wahren Interessen der Unterthanen vernachlässigt hatte, treten jetzt in krassester Weise zu Tage [2]. Nach aufsen hin stand Spanien völlig machtlos da und war mit seiner verfallenen Flotte und seinem kleinen undisziplinierten Heere [3] aufser stande, sich der Eroberungsgelüste Ludwigs XIV. zu erwehren, der einen Teil nach dem anderen den spanischen Besitzungen entrifs, während im Innern des Landes die Unzahl der Geistlichen, die Armut des Adels, das Überhandnehmen der Majorate, der Steuerdruck und die stete Finanznot jeder gesunden wirtschaftlichen Thätigkeit die ärgsten Fesseln anlegte [4].

So lagen die Verhältnisse des Landes als im Jahre 1700 mit dem Tode des kinderlosen Königs Karl II. der habsburgische Mannesstamm in Spanien erlosch: Ein Umstand, der zu dem bekannten Erbfolgekriege führte und erst mit der Thronbesteigung Philipps V. (1701—46), des Enkels Ludwigs XIV. seinen Abschlufs fand.

Wir glauben im Vorigen ein ungefähres Bild des Entwickelungsganges gegeben zu haben, den die ökonomischen Verhältnisse Spaniens unter der Herrschaft der Habsburger genommen haben. Es war uns besonders darum zu thun, auf die wirtschaftspolitischen Mafsnahmen hinzuweisen, durch welche die Regierung das gewerbliche Leben in die von ihr ins Auge gefafsten Bahnen zu leiten trachtete, zumal bei den von uns genannten Darstellern jener Zeit diese Seite der Frage nicht im Zusammenhange berührt ist. Wir vermochten, wie gesagt. eine ausführlichere Besprechung dieser Verhältnisse deshalb nicht zu umgehen, weil die Reformvorschläge unserer beiden Autoren,

---

[1] Vergl. Mémoires et considérations sur le commerce et les finances d'Espagne, I p. XXIV ff., II Kap. 7 u. 8.

[2] Vergl. über diese Verhältnisse Havemann a. a. O. S. 353 ff., und A. Gaedeke, die Politik Österreichs in der spanischen Erbfolgefrage, Bd. I, 1. Buch Kap. 3.

[3] Das Landheer zählte 20 000 Mann, während Ludwig XIV. ein Heer von 300 000 Streitern schlagfertig hielt.

[4] Uztariz berichtet denn auch, dafs am Ende der Regierungszeit Karls II. in Sevilla nur 300, in Sevilla und Granada zusammen nur 1000 Webstühle existierten, während früher dort 16 000 bezw. 24 000 aufgestellt waren. Vergl. a. a. O. Kap. 78 u. 79.

Uztariz und Ulloa, von ihnen ausgehen, und deshalb die Kenntnis jener
Zustände eine richtige Würdigung ihrer Anschauungen erst möglich
macht. Bevor wir zur Behandlung dieser letzteren übergehen, können
wir jedoch nicht umhin noch zwei Punkte zur Erledigung zu bringen,
welche wir bisher nur obenhin berührt haben, deren völlige Klar-
stellung für die Beurteilung der spanischen Wirtschaftsgeschichte
aber von Wichtigkeit ist, und die auch bei Uztariz und Ulloa eine
gewisse Rolle spielen.

Wir meinen die Frage der Edelmetalleinfuhr nach Spanien und
der Bevölkerungsverhältnisse dieses Landes, welche beiden Gegenstände allerdings in keinem direkten Verhältnis zu einander stehen.

III.

Betreffs der ersten Frage können wir uns kurz fassen; denn nach
den umfassenden Untersuchungen Soetbeers [1]), der ersten Autorität
der Edelmetallstatistik, welche von Lexis [2]) nur in einigen wenigen
Punkten berichtigt und ergänzt worden sind, ist der Gegenstand zu
einem gewissen Abschlufs gebracht worden, und wir würden keinen Anlafs haben auf denselben zurückzukommen, wenn nicht gerade Uztariz
selbst ebenfalls über die Edelmetalleinfuhr Berechnungen angestellt
hätte, während Ulloa [3]) diese Frage nur vorübergehend streift.

Früher war man geneigt, die von Amerika erhaltenen Schätze für
unermefslich zu halten, wobei man sich auf die Angaben einiger
älterer Schriftsteller stützte, die allerdings die von dort nach
Spanien ausgeführte Edelmetallmenge als unglaublich grofs schildern.
Zu diesen gehört auch Uztariz, welcher sich in seinen Ausführungen
dabei auf die von uns schon genannten Werke von Moncada und
Navarrete [4]) stützt. Der erstere dieser beiden behauptet [5]), dafs in

---

[1]) Vergl. A. Soetbeer, Edelmetallproduktion und Wertverhältnis zwischen
Gold und Silber seit der Entdeckung Amerikas bis zur Gegenwart. Ergänzungs-
heft Nr. 57 zu Petermanns Mitteilungen, Gotha 1879.

[2]) W. Lexis, Beiträge zur Statistik der Edelmetalle, in Conrads Jahrb.
Bd. XXXIV, 1879, p. 361—417.

[3]) Mit ihm ist nicht zu verwechseln jener auch von Soetbeer citierte A. de
Ulloa, welcher in der 1772 veröffentlichten Schrift „Noticias Americanas, Entre-
tenimientos sobre la America" Angaben über die Edelmetallproduktion macht.

[4]) S. Uztariz a. a. O. Kap. 3 S. 6.

[5]) S. Restauracion politica de España, disc. 3 Kap. 1.

dem Zeitraum von 103 Jahren, die seit der Entdeckung Amerikas bis zum Jahre 1595 verflossen sind, im ganzen 2000 Millionen Pesos in Silber und Gold von dort nach Spanien eingeführt seien, d. h. etwa 20 Millionen jährlich. Es sei aber mindestens das Doppelte dieses Betrages als die wirkliche Höhe der Einfuhr anzusetzen, da die andere Hälfte der Kontrolle der Zollbeamten sich entzogen habe. Uztariz schliefst sich diesen Ausführungen Moncadas an und vervollständigt dieselben dahin, dafs er für die Jahre 1595—1724 jährliche Edelmetalleinfuhr von 12 Mill. Pesos annimmt, d. h. 1536 eine Millionen für die 128 Jahre jenes Zeitraums; es würden also seit der Entdeckung Amerikas bis 1724 im Ganzen für 3536 Mill. Pesos an Gold und Silber von dort nach Spanien importiert sein. Zu einem ähnlichen Resultat gelangt Uztariz an der Hand der Angaben Navarretes. Letzterer berechnet[1]) die gesamte indische Edelmetalleinfuhr nach Spanien innerhalb der Jahre 1519—1617 auf 1536 Mill. Pesos, ausschliefslich auch hier der nicht zur Registrierung gelangten Mengen, d. h. auf etwa 15 Mill. jährlich. Uztariz taxiert nun die Edelmetalleinfuhr in den Jahren 1492—1519 und 1617—1724 auf jährlich 12 Mill., was für jene beiden Zeitabschnitte eine Gesamtsumme von 1596 Mill. Pesos darstellen würde. Demnach beliefe sich der Gesamtimport in dem Zeitraum von 1492—1724 auf 1536+1596 = 3132 Millionen Pesos.

Sonach weichen Moncada und Navarrete nicht bedeutend voneinander ab, denn der Unterschied von etwa 400 Millionen Pesos ist gegenüber den enormen Summen, um welche es sich überhaupt handelt, kaum als ein sehr beträchtlicher anzusehen. Uztariz fufst denn auch völlig auf dieser Berechnung, glaubt aber angesichts des Umstandes, dafs nur die registrierten Edelmetallmassen in Betracht gezogen sind, die faktisch importierten Mengen noch weit höher schätzen zu müssen.

Wir wissen jetzt, dafs das gerade Gegenteil zutreffend ist. Nachdem schon früher Alex. von Humboldt und Ranke auf die Übertreibungen aufmerksam gemacht, welche in den Angaben der Autoren der vorigen Jahrhunderte liegen, und versucht hatten jene auf ihr richtiges Mafs zurückzuführen, ist neuerdings durch die eingehenden Untersuchungen von Soetbeer und Lexis eine gröfsere Klarheit in die betreffenden Verhältnisse gekommen. Aus den bereits von uns erwähnten Abhandlungen jener beiden Autoritäten ergibt sich, dafs die amerikanische Edelmetallproduktion bis um die Mitte des 16.

---

[1]) Conservacion de Monarquias, disc. 21.

Jahrhunderts sehr gering war, dafs sie erst nach der Entdeckung der reichen Silberlager von Potosi einen bedeutenden Aufschwung nahm, ohne jedoch jemals die Höhe zu erreichen, wie sie den Angaben des Uztariz entsprechen würde[1]. Ferner hat während der ersten Hälfte des 16. Jahrhunderts die amerikanische Edelmetalleinfuhr keinen Einflufs auf die europäischen Preisverhältnisse ausgeübt, wie dies früher angenommen wurde[2]), und wenn trotzdem schon damals Preisrevolutionen zu Tage traten, so hatte dies seinen Grund in europäischen Verhältnissen, indem entweder die gesteigerte Silberproduktion in Deutschland oder die raschere Geldzirkulation[3]) eine Entwertung des Silbers herbeiführten. Indem wir uns mit der Erwähnung dieser Thatsachen begnügen, verweisen wir im übrigen auf die genannten Arbeiten von Soetbeer und Lexis. Wir glauben dies um so eher thun zu dürfen, als Uztariz die von ihm gemachten Angaben zu weitergehenden Schlufsfolgerungen nicht benutzt.

Dagegen dürfte eine kurze Betrachtung der Bevölkerungsverhältnisse in Spanien schon deshalb für uns von Bedeutung sein, weil ihre Zu- und Abnahme auf die wirtschaftliche Lage des Landes einige Schlüsse gestattet, weshalb sich denn auch Uztariz mit der Erörterung dieser Frage befafst. Wir werden dabei jedoch nur die Zeit seit der Entdeckung Amerikas bis auf Uztariz hin ins Auge fassen, da nur diese Periode für unsere Untersuchungen in Betracht kommt. Es ist klar, dafs in einer Zeit, in welcher die Statistik in Spanien so gut wie völlig unbekannt war und nur Philipp II., wie wir bereits hervorhoben, früher einen Versuch in dieser Richtung gemacht hatte, dessen Ergebnisse jedoch nicht bekannt geworden sind, wo ferner ein Interesse seitens der Beamten an derartigen Erhebungen meistens fehlte[4]) und letztere gewöhnlich zu dem Zwecke der Steuerveranlagung und der Militäraushebung veranstaltet wurden, die Resultate solcher Zählungen äufserst ungenaue waren, indem nicht nur sehr oberflächlich geschätzt wurde, anstatt eine eingehendere Ermittelung vorzunehmen, sondern auch

---

[1]) Vergl. die Tabellen von Soetbeer a. a. O.

[2]) Vergl. u. a. Prescott a. a. O. p. 625, Anmerkung 126.

[3]) Vergl. Roscher, Grundlagen der Nationalökonomie 17. Aufl. Stuttgart 1883. p. 338.

[4]) So weigerte sich, ungeachtet der Strenge der Befehle Philipps II., der Herzog von Alcalá, Vizekönig von Neapel, die Volkszählung dieses Reiches vorzunehmen, indem er vorgab, dafs 50000 Ries Papier für dieses Geschäft nicht hinreichen würden. Sempere a. a. O. I p. 186.

die Bevölkerung selbst darauf hinwirkte, einigermafsen befriedigende
Untersuchungen unmöglich zu machen. Wir sind deshalb für jene
Zeiten nur auf allgemeine Schätzungen angewiesen, die irgend einen
Anspruch auf Genauigkeit nicht erheben können.

Was zunächst den Anfang der für uns in Frage stehenden
Periode anlangt, so glaubt Conrad auf Grund der verschiedensten Quellen über die Bevölkerung Spaniens in jener Zeit an-
nehmen zu dürfen, dafs die ungefähre Bevölkerungssumme des Landes um das Jahr 1492 sich auf etwa 11 Millionen belaufen habe[1]).
Vergleichen wir hiermit einmal sogleich die Verhältnisse gegen das
Ende unserer Periode. Hier gibt uns Uztariz selbst genauere Aus-
kunft[2]). Seine Angaben erscheinen um so glaubwürdiger, wenn wir
bedenken, dafs ihm in seiner amtlichen Stellung bedeutende Mittel
zu Gebote standen, um die Zählung so genau als möglich zu ge-
stalten, und er nach seiner eignen Aussage sich redlich bemüht hat,
das Material in möglichster Vollständigkeit zu erlangen. Freilich
ist auch er überzeugt, dafs dasselbe noch unvollkommen genug ist[3]),
indem viele vecinos ungezählt geblieben seien, weil die mit der
Zählung betrauten Corregidores und Richter fürchteten, dafs es sich
bei derselben um die Einquartierung von Truppen und um neu
aufzulegende Steuern handele und jene deshalb ohne Bedenken die
Einwohnerzahl in den Listen zu niedrig angaben. um die betreffenden
Orte nicht noch mehr unter dem Drucke der Lasten leiden zu lassen.
Hierzu kommt dann noch, wie Uztariz weiter mitteilt, der Umstand,
dafs an dem Kopfe mancher Listen ausdrücklich bemerkt ist, dafs
nur die steuerfähigen vecinos in Betracht kommen und dafs 2 Haus-
wirtschaften einer Witwe immer nur als eine zu rechnen sind. Es fehlt
somit in diesen Verzeichnissen das gesamte Proletariat, und wenn wir
erwägen, einen wie grofsen Prozentsatz dasselbe in Spanien zu jener Zeit
bildete, so mufs diese Ungenauigkeit immerhin als eine bedeutende erscheinen. Uztariz ist denn auch nach speziellen Einzeluntersuchungen
in bestimmten Gegenden Spaniens zu dem Ergebnisse gelangt, dafs oft $1/_5$,
nicht selten sogar $1/_4$ und $1/_3$ der Bevölkerung ungezählt geblieben ist.
Nach den Ausweisen der Verzeichnisse beträgt die Bevölkerung

---

[1]) Vergl. J. Conrad, Liebigs Ansicht von der Bodenerschöpfung und ihre
geschichtliche, statistische und nationalökonomische Begründung. Jena 1864. S. 51 ff.
Hier findet sich auch eine ausführliche Zusammenstellung des betr. Urmaterials,
sodafs wir auf jene Ausführungen nur zu verweisen brauchen.
[2]) Vergl. a. a. O. Kap. 18.
[3]) S. a. a. O. S. 36.

Spaniens im Beginn des 18. Jahrhunderts[1]) 1 140 103 vecinos[2])
(= 5 700 515 Seelen), welche Zahl sich jedoch, wie Uztariz annimmt, in Wirklichkeit auf etwa 1 425 000 vecinos (= 7 125 000
Seelen) erhöht, indem diese Abweichung eben durch die zu geringen
Angaben der Verzeichnisse sich erklären würde. Nach diesen letzteren
verteilt sich die Bevölkerung auf die verschiedenen Provinzen in
folgender Weise; zur Vergleichung fügen wir einige Angaben aus
der Zeit um 1492 hinzu[3]).

Name der Provinz.	1710—1723 vecinos.	1710—1723 Seelen.	1492 Seelen.
Kastilien ohne Granada.	695 423	3 477 115	7 500 000
Granada	78 728	393 640	400 000
Aragon	75 244	376 220	266 190
Valencia	63 770	315 850	486 860
Katalonien	103 360	516 800	326 970
Viscaya, Guipusoca und Alava	35 987	179 935	186 506
Navarra	35 987	179 935	154 165
Murcia	30 494	152 470	—
Mallorca, Ibiza und die Besitzungen in Afrika	21 110	105 550	—

Leider sind nun in den von Uztariz benutzten Listen verschiedene
Bevölkerungskategorieen nicht aufgenommen, welche demnach noch
nachträglich zu der Gesamtheit von 1 425 000 vecinos hinzuzählen sind,
nämlich zunächst, wie Uztariz umständlich berechnet, 180 000 Militär-
personen mit ihren Angehörigen, die einer Summe von 36 000 vecinos
entsprechen, sodann die vorübergehend sich aufhaltenden Fremden,
die er auf 8000 vecinos schätzt. Ferner fehlen in jenen Verzeichnissen von den 50 000 Hirten etwa 30 000 = 6000 vecinos und endlich
noch die Zahl der gesamten Geistlichkeit, welche mit den Ange-

---

[1]) Der Zeitpunkt der Zählung ist für die verschiedenen Provinzen Spaniens
nicht derselbe, er schwankt zwischen den Jahren 1710 u. 1723. Nur einmal findet
sich eine Angabe aus d. J. 1678. Vergl. das Verzeichnis bei Uztariz a. a. O. p. 35.

[2]) Wir setzen hier, der allgemeinen Annahme folgend, 1 vecino (Hausvater)
= 5 Seelen. So auch Uztariz; nur für Madrid, wo die Bevölkerungsdichtigkeit
eine gröfsere ist, setzt er 1 vecino = 6 Seelen. U. a. nimmt auch der Verfasser
der Illustracion XI, in den Memorias de la Real Acad. VI p. 239, 1 vecino zu
5 Personen an.

[3]) Sie finden sich bei M. Block, Bevölkerung Spaniens und Portugals nach den
Orginalquellen, Gotha 1861 p. 4, der sich, wie er sagt, auf glaubwürdige Schriftsteller stützt. Block gibt die Gesamtbevölkerung um 1492 allerdings nur auf
9 320 691 Seelen an, doch fehlen bei ihm die Angaben für Murcia, Mallorca mit
Ibiza und die afrikanischen Besitzungen, wenn sie nicht etwa unter Castilien,
resp. Aragonien untergebracht sind.

hörigen eine Summe von etwa 50000 vecinos repräsentiert. Diese Kategorieen mit inbegriffen, würde sich also die gesamte Bevölkerung Spaniens (mit Ausnahme Portugals) auf mindestens[1] 1525000 vecinos = 7625000 Seelen belaufen.

Wenn nun auch in jener obigen vergleichenden Zusammenstellung die Bevölkerung zu nur 5700615 Seelen angesetzt ist, also noch fast 2 Millionen unter die einzelnen Provinzen zu verteilen wären[2]), so geht doch aus derselben klar hervor, dafs sich während der Regierungszeit der Habsburger in Spanien Kastiliens Bevölkerung bedeutend vermindert hat, während die der übrigen Teile des Landes im ganzen konstant geblieben ist, hier und da wohl auch noch eine nicht geringe Vermehrung erfahren hat[3]). Auch dieses Resultat bestätigt die Richtigkeit der früher von uns hervorgehobenen Thatsache, dafs gerade Kastilien es war, welches am schwersten unter der Kalamität des Landes gelitten, während sich in einigen der anderen Provinzen, namentlich Katalonien und Aragon, jener Druck nicht in gleicher Weise fühlbar machte.

Wir dürften nun wohl in der Annahme nicht fehlgehen, dafs die Bevölkerung Spaniens von 10—11 Millionen im Jahre 1492 auf ca. 7600000 Seelen etwa im Jahre 1715 herabgesunken ist.

[1]) Uztariz bemerkt hierbei (p. 38), er habe immer die niedrigsten Angaben aus jeder Provinz benutzt und seien ihm die Verzeichnisse von unterrichteten und glaubwürdigen Personen zugegangen.

[2]) In einem von Don Martin de Loynaz, dem Generaldirektor der Tabaksteuer an den Minister Marques de la Ensenada i. J. 1747 gerichteten Bericht wird die Bevölkerung Spaniens für jenen Zeitpunkt in folgender Weise angegeben:

In allen 22 Provinzen des gesamten König- reichs Kastilien	Zahl der Erwachsenen (Communians)	4531780
	Zahl der Kinder	1176960
	Zahl der Geistlichen	137627
Die Gesamtbevölkerung im Königreiche Aragon, mit Ausnahme der Geistlichkeit		1534804
Die Zahl der Geistlichkeit in Aragon		42419
	Sa.	7423580

Diese Angaben stehen mit denen des Uztariz nicht im Widerspruch, wenn man annimmt, dafs die oben genannten 2 Millionen hauptsächlich auf Kastilien fallen. Vergl. Mémoires et considerations sur le commerce et les finances d'Espagne. Amsterdam 1761, letzter Teil: Sur les finances d'Espagne p. 7.

[3]) „Was Spanien anbetrifft," sagt Uztariz a. a. O. Kap. XI Seite 19 f., „so glaube ich, dafs bei der allgemeinen Klage über die geringe Bevölkerung nicht alle Provinzen gemeint sind, denn es ist sicher, dafs Katalonien, Navarra, Kantabrien, Asturien, Galicien und die Berge von Burgos sehr bevölkert sind, und die meisten der Einwohner gewerbfleifsig; auch finde ich, dafs Estremadura, sowie die Königreiche Sevilla, Cordoba, Jaën und Valencia ziemlich gut bevölkert sind."

Was nun die Entwickelung innerhalb dieser Periode anlangt,
so steht es nicht im Widerspruch mit unseren Annahmen, wenn um
1556 die Bevölkerung sich auf $9\frac{1}{2}$ Millionen belaufen haben soll[1]).
um dann im Anfang des 17. Jahrhunderts auf 8—9 Millionen herab-
zugehen [2])[3]). Die Gründe. welche eine solche rapide Abnahme der
Bevölkerung veranlafsten. sind bekannt. Auch wir haben im Laufe
dieses Abschnitts Gelegenheit gehabt, auf mehrere derselben hinzuweisen: auf die Entdeckung der Neuen Welt, das Daniederliegen
von Handel und Gewerbe, die Bedrückung und schliefsliche Vertreibung der Juden und Morisken. sowie die drückende Steuerlast.
Alle diese Umstände waren dazu angethan, eine starke Auswanderung hervorzurufen. Allerdings ist nicht immer die Auswanderung
als Folge des gesunkenen wirtschaftlichen Lebens des Landes
anzusehen. Uztariz macht darauf aufmerksam [4]), dafs gerade die
wohlhabendsten Provinzen Spaniens, wie Kantabrien, Navarra, Asturien, Burgos und Galicien, das gröfste Kontingent an Auswanderern
stellen, während dagegen mehrere Provinzen Kastiliens, wie z. B. Toledo,
Valladolid, Salamanca u. a., die sehr schwach bevölkert sind, von
der Auswanderung weit weniger berührt werden. Ebensowenig sei
die Behauptung gerechtfertigt, dafs der Besitz der Kolonieen Spanien
entvölkert habe[5]), denn Frankreich, England, namentlich aber Holland
besitzen bedeutende Kolonieen, in welche sie eine grofse Zahl von
Ansiedlern, Beamten, Truppen u. s. w. entsandt haben, und trotzdem oder vielmehr gerade deswegen erfreuen sich jene Länder eines
blühenden Wohlstandes und einer dichten Bevölkerung. Die geringe Bevölkerung jener Provinzen Spaniens rührt eben besonders
von der wachsenden Armut derselben her, welche eine Verminderung der Ehe, eine schlechte Ernährung und eine grofse Kinder-

[1]) S. Conrad a. a. O. S. 67.
[2]) Vergl. Laet, Hispania p. 96.
[3]) Die Angaben von Garrido („Das heutige Spanien" Lpzg., 1863) S. 159 und von
Weiss (a. a. O. p. 75), welche die Bevölkerungszahl auf 6 843 672 i. d. Mitte des
18. Jahrhunderts, resp. auf 5 700 000 zur Zeit Karl II. ansetzen, sind hiernach unzu-
treffend. Übrigens nimmt auch Moreau de Jonnès, Statistique de l'Espagne,
1834, S. 44 an, dafs Spanien in den früheren Jahrhunderten weit stärker bevölkert gewesen sei. Es unterliege keinem Zweifel, dafs sich am Ende des 16. Jahrhunderts,
unter dem Einflufs der Habsburger, die Zahl seiner Bewohner ganz bedeutend
vermindert habe.
[4]) Kap. 12 p. 21 ff.
[5]) Vergl. hierüber auch J. Arias y Miranda, Examen ¡crítico-histórico del
influjo que tuvo en el comercio, industria y poblacion de España su dominacion
en America. Madrid 1854. Imprenta por el Real Acad. de la historia.

sterblichkeit im Gefolge haben. Jedenfalls spielen diese von Uztariz
geltend gemachten Momente neben den vorhin genannten nicht minder
eine bedeutende Rolle. Endlich führten die zahlreichen Kriege der
spanischen Könige, die Neigung ihrer Unterthanen, sich zu auslän-
dischem Kriegsdienst anwerben zu lassen, das Überhandnehmen der
geistlichen Orden bei der relativ geringen Fruchtbarkeit der Südlände-
rinnen überhaupt zu einer starken Verminderung der Geburten [1]).
Dafs diese Verhältnisse den spanischen Herrschern nicht unbekannt blieben, geht u. a. daraus hervor, dafs im Jahre 1609 der
König Philipp III. seine Räte mit der Untersuchung der Gründe
beauftragt, welche die Abnahme der Bevölkerungszahl hervorgerufen
haben und sie auffordert, die Mittel und Wege anzugeben, durch welche
jenem Übel gesteuert werden könnte.

Die ersteren erkannte man sehr richtig. Wir haben sie oben mit-
angeführt. Um so merkwürdiger waren aber bisweilen die Mittel, welche
man zur Abhilfe vorschlug. Zwar verhehlte man sich nicht, dafs in
erster Linie die ungerechte Verteilung der Steuerlasten abgeschafft
werden müsse um alle Klassen des Volkes ohne Ausnahme, und
zwar nach ihrer Leistungsfähigkeit, zur Steuerzahlung heranzuziehen. Eine andere Hauptkalamität erblickte man aber sonderbarer-
weise in dem Verkehr der Spanier mit den Ausländern und empfahl
deshalb, durch Erlasse von Gesetzen den auswärtigen Handel soviel als möglich zu beschränken. Dagegen erscheint es sehr begreiflich, wenn man dem Könige rät, dem steten Anwachsen der
Klöster Einhalt zu thun und keinen neuen geistlichen Orden mehr
aufkommen zu lassen. Diese Vorschläge scheinen jedoch bei ihm
auf unfruchtbaren Boden gefallen zu sein, wenigstens wissen wir
nichts von irgendwelchen Erlassen, die jene zur Ausführung gebracht hätten. Es ist dies auch nicht zu verwundern, da einerseits
die stetige Geldbedürftigkeit und anderseits die Scheu, sich mit der
Kirche zu verfeinden, die Ergreifung solcher Mafsnahmen als un-
thunlich erscheinen lassen mufsten. Bedenken dieser Art fielen jedoch fort, wenn man sich entschlofs, in mehr direkter Weise die Be-
völkerungszunahme zu fördern. Dies geschieht denn auch u. a. durch
ein Edikt Philipps IV. vom Jahre 1623 [2]). Hiernach soll ein jeder
4 Jahre lang nach seiner Hochzeit von allen Steuern und Lasten
befreit sein. Ähnliche Vergünstigungen wurden dem, welcher vor dem

---

[1]) Hierüber spricht sich Laet, Hispania Kap. IV p. 103 ff. u. p. 505 f. ausführlicher aus.

[2]) Vergl. Laet p. 104 u. 105.

25. Jahre heiratete, in Aussicht gestellt. Wer 6 Söhne besafs, von denen noch keiner gestorben, war sein lebenlang von allen Abgaben befreit; den Armen wurde aus Staatsmitteln eine Mitgift gewährt. Die Auswanderung mit der Familie und dem Eigentum wurde untersagt, die Einwanderung fremder Handwerker und Landwirte dagegen begünstigt. Mafsregeln solcher Art waren in jener Zeit nicht selten, und die hier genannten stimmen im wesentlichen mit denen überein, welche später Colbert im Jahre 1666 erliefs[1]).

Nachdem wir somit die beiden Fragen betreffs der Edelmetalleinfuhr nach Spanien und der Bevölkerungsverhältnisse dieses Landes, soweit es uns geboten erschien, einer kurzen Betrachtung unterworfen haben, gehen wir nunmehr dazu über, die volkswirtschaftlichen Anschauungen unserer beiden Schriftsteller Uztariz und Ulloa ins Auge zu fassen.

IV.

Der spanische Nationalökonom Campomanes unterscheidet [2]) in der Wirtschaftsgeschichte seines Vaterlandes drei Hauptperioden. Die erste reicht von der Vereinigung des Reiches unter den katholischen Königen bis auf Philipp II. In dieser Zeit empfing, wie er sagt, die Nation keine fremden Manufakturen, sondern führte vielmehr mit grofsem Nutzen eigne Fabrikate aus. Die zweite Epoche wird durch die Regierungszeiten Philipps III., Philipps IV. und Karls II. bezeichnet [3]), in welcher die ausländischen Erzeugnisse massenhaft das Land überschwemmten, was den Ruin der eignen Industrie zur Folge hatte. Die dritte Periode endlich umfafst das 18. Jahrhundert. Man erkennt das Übel, sucht nach Mitteln und Wegen zur Abhilfe und ist bemüht, den gesunkenen Wohlstand des Volkes zu heben.

Man darf wohl sagen, dafs diese Einteilung die charakteristischen Eigentümlichkeiten der verschiedenen Epochen treffend

---

[1]) S. Roscher, Grundlagen der Nationalökonomie S. 687.

[2]) Vergl. Apéndice à la educacion popular de los artesanos, Madrid 1775, I. Teil. Einleitung p. XXXVII ff.

[3]) Die Regierungszeit Philipps II. bildet den Übergang. Bereits für damals mufsten wir eine allzugrofse wirtschaftliche Abhängigkeit Spaniens vom Auslande konstatieren.

kennzeichnet. Von den beiden ersteren haben wir im zweiten Abschnitte ein ungefäbres Bild zu geben versucht. Wir sahen, wie bis gegen das Ende des 16. Jahrhunderts unter Ferdinand und Isabella, Karl V. und auch noch unter Philipp II. das Land sich eines guten Gedeihens und eines wachsenden Wohlstandes erfreute, um dann in späterer Zeit mit Riesenschritten dem wirtschaftlichen Ruin entgegen zu gehen. Wir bemerkten dann weiter, dafs in jener ersten Periode die merkantilistischen Prinzipien besonders von den katholischen Herrschern und von Karl V. nicht ohne jeden Erfolg zur Anwendung gebracht wurden, während dagegen in der zweiten die stete pekuniäre Bedrängnis die Herrscher zu allen erdenklichen Mitteln greifen liefs, die Staatskasse zu füllen, wobei selbstverständlich von einer konsequenten Durchführung wirtschaftspolitischer Mafsnahmen nicht mehr die Rede sein konnte, und das Wohl des Volkes gegenüber dem stets wachsenden Geldbedürfnis zurücktrat.

Unter diesen Umständen ist es nicht zu verwundern, dafs man später dahin gelangte, die Ursache des steigenden Wohlstandes im 16. Jahrhundert ohne weiteres dem Merkantilismus zu gute zu schreiben und mit dem Aufserachtlassen seiner Prinzipien den wirtschaftlichen Verfall zu begründen. Schon diese Thatsache läfst es begreiflich erscheinen, dafs man bei der Inangriffnahme von Reformen beim Beginn des 18. Jahrhunderts in der systematischen Befolgung der merkantilistischen Grundsätze den einzigen Weg zur Besserung erblickte. Es kam aber noch ein anderes Moment hinzu. Nach dem Tode des letzten Habsburgers gelangte bekanntlich im Jahre 1701 der Enkel Ludwigs XIV. als Philipp V. auf den spanischen Thron und der Ausgang des Erbfolgekrieges war den Bourbonen günstig. Was war natürlicher, als dafs Philipp V. und seine Nachfolger, die in der Einführung französischer Moden und französischer Verwaltungseinrichtungen in Spanien ihre Abstammung nicht verleugneten, auch den Grundsätzen der französischen Wirtschaftspolitik daselbst Geltung verschafften. Nun waren aber zu jener Zeit in Frankreich die von Colbert vertretenen merkantilistischen Prinzipien in unbedingter Geltung.

So drängten denn die verschiedensten Umstände darauf hin, Spanien zu einem Hauptsitz des Merkantilismus zu machen, und wenn auch Philipp V. selbst viel zu schwach und energielos war, um die betreffenden Mafsnahmen aus eignem Antriebe ins Leben zu rufen so waren doch seine Minister und Räte in den Anschauungen des Merkantilismus gebildet und machten in dieser Richtung ihren Einflufs

IV. 2.

4

15

geltend. Es weist auch Uztariz darauf hin [1]), dafs die bisherigen wirtschaftspolitischen Mafsnahmen der spanischen Könige, obwohl sie manche vortreffliche Bestimmungen enthalten, dennoch nicht den Regeln der „neuen Politik" (nueva politica) entsprechen, welche in einer richtigen Leitung der Zoll- und Steuergesetzgebung besteht. Er nennt sie neu, weil es bisher unerhört gewesen sei, dafs eine Nation durch eine gute Wirtschaftspolitik die Fehler der anderen sich zu nutze mache. Im 17. Jahrhundert, sagt Uztariz, waren es vor allen Frankreich, England und Holland, die durch die Abänderung hres Zolltarifes und andre Mafsnahmen Industrie und Handel auf Kosten fremder Staaten zur Blüte beachten, während Spanien damals noch, mit geringen Ausnahmen, auf dem alten Wege weiter ging; erst in der neuesten Zeit bemüht es sich, nach dem Muster jener Staaten, die Schäden seiner Unterlassungssünden zu heilen und die Prinzipien der „neuen Politik" auch seinen Mafsregeln zu Grunde zu legen.

Wir sehen hier durch Uztariz selbst unsere Behauptung bestätigt, dafs erst mit dem Beginne des 18. Jahrhunderts der Merkantilismus in Spanien zur unbedingten Geltung kam, während derselbe bisher nur unsystematisch seine Grundsätze in diesem Lande zur Durchführung gebracht sah. Freilich gelangten auch unter Philipp V. die neuen Anschauungen nur langsam zur allgemeinen Herrschaft, und die jahrelange Unterdrückung des Uztarizschen Werkes legt Zeugnis ab von den Schwierigkeiten, welche der Einführung der neuen Wirtschaftspolitik zunächst noch entgegenstanden. Doch konnte zu einer Zeit, wo Männer wie Uztariz und Ulloa eine gewichtige Stellung bei der Landesverwaltung inne hatten und vom Könige selbst begünstigt wurden, die Opposition gewisser Kreise, über welche sich Uztariz, wie wir sahen, bitter beklagt, nicht von längerer Dauer sein, und wir werden denn auch später Gelegenheit haben, auf die Erfolge kurz hinzuweisen, welche die Bemühungen unserer beiden Autoren und ihrer Gesinnungsgenossen krönten.

Zunächst aber müssen wir die theoretischen Anschauungen der ersteren kennen lernen, um daraus zu ersehen, in welcher Weise die Grundzüge der „neuen Politik" von ihnen vertreten werden. Wir beginnen dabei mit Uztariz.

Schon ein flüchtiger Überblick über die einzelnen Kapitel seines Werkes würde zur Genüge darthun, dafs der Kernpunkt seiner ganzen Untersuchungen in der Behandlung der Handelsbilanzfrage besteht.

---

[1]) Kap. XLII p. 96.

Uztariz unterscheidet [1]) zwei Arten des Handels, den „nützlichen Handel" (comercio util) und den „schädlichen Handel" (comercio dañoso) [2]). Betrachte man den Handel als einen blofsen Austausch von Gütern, sagt er, so müsse man allerdings zugeben, dafs Spanien stets einen solchen betrieben, denn es habe hier weder an Käufern gemangelt, noch auch je an Waren gefehlt, die zu deren Bedürfnisbefriedigung dienten, und namentlich die Ausländer haben es sich angelegen sein lassen, Spanien mit ihren Artikeln zu versorgen. Doch ein solcher Handel habe den Ruin des spanischen Wirtschaftslebens zur Folge gehabt, das Land entvölkert und der Verarmung preisgegeben, indem die Fremden den einheimischen Markt mit ihren Waren überschwemmten, dadurch die Industrie des Landes zu Grunde richteten und das Geld aus dem Lande führten. Uztariz machte es sich nun in seinem Werke zur Aufgabe, diese Folgen jenes „schädlichen Handels" in allen ihren Teilen aufzudecken und zur Begründung eines „nützlichen Handels" die Wege zu weisen. Um einen solchen zu ermöglichen, sagt er [3]), sei es erforderlich, mit dem gröfsten Eifer und Nachdruck alle Mittel zu ergreifen, die dahin abzielen, ans Ausland mehr zu verkaufen, als von ihm zu kaufen, denn hierin bestehe das ganze Geheimnis, die gute Leitung und der ganze Nutzen des Handels [4]). Es sei aber die Aufgabe des Staates, die Bevölkerung dahin zu bringen, dafs sie auch in wirtschaftlicher Beziehung auf eignen Füfsen stehe und sich vom Auslande möglichst unabhängig mache, wodurch das Geld im Lande bleibe.

Uztariz führt uns hier in grofsen Zügen die merkantilistische Handelsbilanztheorie vor Augen, und von seinen Ausführungen gilt im wesentlichen dasselbe, was man über jene im allgemeinen zu sagen hat. Ihr Hauptirrtum liegt in der einseitigen Hervorkehrung der Funktionen der Gewerbe und des Handels, indem dabei die zahlreichen übrigen Werte bildenden Faktoren des Inlandes, welche ein Entgelt für die Leistungen des Auslandes schaffen, aufser acht gelassen werden. Doch läfst Uztariz den Einwand, dafs die Zahlung an das Ausland

---

[1]) Kap. II p. 2 f.

[2]) Der Ausdruck „Handelsbilanz" (balanza de comercio) findet sich bei Uztariz noch nicht. Er scheint erst in der 2. Hälfte des 18. Jahrh. in Spanien in Gebrauch gekommen zu sein.

[3]) Kap. IV p. 7.

[4]) „Es preciso trabajar con vigor, y con acierto, en todos a quellos medios, que puedan conducir à vender à los Estrangeros mas géneros, y frutos, que los que les compramos, que es en lo que estriva todo el secreto, buena direccion, y utilidad del tráfico."

nicht in Geld zu geschehen brauche, sondern auch durch Wechsel
bewerkstelligt werden könne, nicht unberücksichtigt. Er bezeichnet
ihn jedoch, wenigstens für Spanien, als vollkommen hinfällig, denn
da die Ausfuhr dieses Landes viel zu gering sei, um mit eignen
Waren alle Wechsel decken zu können, so müfsten doch schliefslich
von irgend einem die fremden Waren ans Ausland bezahlt werden [1]).
Dagegen zieht er den Umstand, dafs das Inland durch gewisse dem
Auslande geleistete Dienste, wie sie namentlich im Frachtverkehr und
in sonstigen gewerblichen Leistungen hervortreten, das Ausland sich
zum Schuldner machen kann, ebenso wie auch den etwaigen Besitz
zinstragender ausländischer Papiere nicht weiter in Betracht. Diese
Thatsache wäre vielleicht dazu angethan, die Einseitigkeit der
Uztarizschen Auffassung in besonders hellem Lichte erscheinen zu
lassen, wenn wir nicht bedächten, dafs derselbe bei allen seinen Ausführungen stets die spanischen Verhältnisse vor Augen hat, und für
das Spanien seiner Zeit kommen allerdings jene beiden Momente
nicht ernstlich in Frage. Wir haben früher gesehen, wie die spanische
Schiffahrt völlig daniederlag, die Marine in dem traurigsten Zustande sich befand, und die wenigen Schiffe bei weitem nicht hin-
reichten, den eignen Frachtverkehr zu vermitteln, ganz abgesehen
davon, dafs der Handel Spaniens selbst mit seinen Kolonieen fast
gänzlich in den Händen Fremder lag [2]). Unter solchen Umständen
war nicht daran zu denken, dafs die Spanier durch Vermittelung des
Frachtverkehrs für andere Nationen geschäftlich thätig sein konnten,
und es erscheint sonach völlig begreiflich, wenn Uztariz dieses Moment nicht weiter in Anschlag bringt.

Dafs er übrigens die Bedeutung des Zwischenhandels als solchen
sehr wohl zu schätzen weifs, zeigt die unbedingte Bewunderung, die
er dem Handel Hollands zollt [3]), welches, obgleich nicht in der Lage,
dem Grundsatze, mehr Waren zu verkaufen als zu kaufen, folgen zu
können, dennoch durch seinen bedeutenden Zwischenhandel zu einem
der mächtigsten und blühendsten Staaten der Welt sich entwickelt

[1]) S. p. 8.
. [2]) „Nur f r e m d e Schiffe," sagt Uztariz in Kap. CVI, „besorgen die Waren-
Ein- und Ausfuhr Spaniens. Der gesamte Ein- und Verkauf und sonstige Handels-
geschäfte liegen in den Händen f r e m d e r Agenten, Geschäftsführer und Teil-
haber, und in den Haupthandelszweigen kommen die Fracht-, Kommissions- und
Agentengebühren, welche oft den Herstellungskosten der Waren gleichstehen,
den Ausländern zu gute.
[3]) S. a. a. O. Kap. XXXI ff.

habe. Allerdings steht in der Volkswirtschaft nach Uztariz[1]) der blofse Händler dem Fabrikanten an Bedeutung nach, denn das zur Fabrikation verwendete Kapital komme doch in letzter Instanz allein dem ersten Besitzer der Waren zu gute[2]), dessen Gewinn im allgemeinen gröfser sei, als der Reingewinn des Zwischenhändlers — eine ganz willkürliche Annahme, die durch den allgemeinen Hinweis darauf, dafs die Zahl der Städte, welche durch ihre Industrie zur Blüte gelangt sind, weit gröfser sei als diejenigen, welche allein auf den Handel angewiesen, an innerer Wahrheit nicht gewinnt.

Wenn nun ferner Uztariz bei seiner Theorie vom Handel etwaige sonstige Leistungen gewerblicher Art, durch welche die Spanier das Ausland sich zum Schuldner hätten machen können, ebenfalls aufser acht läfst, so müssen wir dies, nach allem dem, was wir früher von der Industrie Spaniens gesagt haben, nicht minder erklärlich finden. Denn wie sollte das Gewerbe dieses Landes im Auslande irgend welche Rolle spielen können, wenn es nicht einmal im stande war, die notwendigsten Bedürfnisse des eignen Landes zu befriedigen und fremde Waren massenweis dort Absatz fanden? Dasselbe gilt von den zinstragenden Papieren des Auslandes. Auch sie spielen gegenüber dem Umstande, dafs ein grofser Teil des Volkes, in erster Linie die Staatsregierung selbst, als bedeutende Schuldner des Auslandes dastanden, keine nennenswerte Rolle, wenn sie überhaupt vorhanden waren.

Nach allem diesem werden wir sagen müssen, dafs zwar in theoretischer Beziehung die blofse Betonung der Warenbilanz und des Edelmetallverkehrs seitens Uztariz' eine Einseitigkeit war, dafs aber für Spanien selbst, soweit es den Verkehr mit dem Auslande anbetrifft, jene Momente allein in Frage kommen. Wir lassen hierbei die Thatsache, dafs auch die vollkommenste Statistik nicht im stande ist, die Handelsbilanz eines Landes in einem bestimmten Zeitraume, etwa für ein Jahr, genau anzugeben, zunächst auf sich beruhen. Jedenfalls ist eine etwaige Unterbilanz für gröfsere Zeiträume sehr wohl erkennbar, und wir glauben, dafs Uztariz den Zustand seines Vaterlandes vollkommen richtig beurteilt, wenn er in erster Linie jener dauernden Unterbilanz im Warenhandel den wirtschaftlichen Verfall desselben zuschreibt.

Die Frage des Edelmetallverkehrs hatten wir bisher nur vorübergehend gestreift; sie verdient jedoch noch eine nähere Betrachtung, da sie, mit der Theorie des Geldes eng verbunden, neben der

---

[1]) S. a. a. O. Kap. IX p. 14.
[2]) „El dinero del capital busca siempre al primer dueño de la mercaderia."

Handelsbilanzfrage ein Hauptmerkmal des Merkantilismus überhaupt bildet.

Was die Stellung unsers Autors zu dieser Frage anbetrifft, so erscheint dieselbe in einem zwiefachen Lichte. Aus manchen seiner Äufserungen scheint hervorzugehen, dafs er die Aus- und Einfuhr des Geldes nur als ein Beweismittel ansieht für die Richtigkeit seiner Anschauungen bezüglich des Warenhandels. Freilich schliefst er an einer Stelle [1]) aus der Unterbilanz im Warenhandel auf den jährlichen Edelmetallverlust von mehr als 15 Millionen Pesos: doch sucht er die Richtigkeit dieser Angabe nicht etwa damit zu begründen, dafs er die Waren-Aus- und Einfuhr genauer feststellt, sondern er fragt nach dem Verbleib jener Millionen von Pesos. die aus Amerika nach Spanien gekommen seien und von denen nur noch wenige unterwertige Münzen vorhanden, deren Wertlosigkeit der alleinige Grund sei, warum nicht auch sie exportiert werden. Angesichts dieser Thatsachen, sagt er [2]), könne es nicht zweifelhaft sein, dafs der Handel, den die Spanier seit vielen Jahren mit den anderen Nationen getrieben, für die gesamte Monarchie in hohem Grade schädlich gewesen.

Wenn nun Aussprüche dieser Art vielleicht zu der Ansicht führen könnten, dafs Uztariz die ganze Geldfrage nur von jenem vorhin genannten Gesichtspunkte aus betrachte, so stehen dem jedoch anderseits zahlreiche Auslassungen gegenüber, aus denen hervorgeht, dafs er schon dem alleinigen Vorhandensein des Geldes in einem Lande eine hohe Bedeutung beimifst. Denn wenn er sagt, dafs schon das blofse Gleichgewicht der Aus- und Einfuhr ein grofser Vorteil für das Land sei, indem dann der gröfste Teil der Reichtümer, die aus Indien kommen, in Spanien bleibe, wodurch dasselbe reich und mächtig werde, — wenn er ferner mit grofsem Bedauern darauf hinweist. dafs Millionen jährlich von Spanien nach Rom wandern, und er hierin einen Hauptgrund des Edelmetallverlusts seitens Spanien erblickt [3]), so zeigt dies allerdings, dafs Uztariz nahe daran ist, das blofse Anhäufen von Edelmetall als Selbstzweck anzusehen und Geldbesitz und Reichtum ohne weiteres zu identifizieren. Diese Einseitigkeit, mit welcher er jede Ausfuhr von von Edelmetall als ein Unglück ansieht, tritt recht in den Beispielen zu Tage, welche er heranzieht, um seine Handelsbilanzlehre zu beleuchten.

[1]) S. a. a. O. Kap. III p. 5.
[2]) S. a. a. O. Kap. IV p. 7.
[3]) S. a. a. O. Kap. III p. 6.

Zwischen Sizilien und Genua, so sagt er [1]), bestehe ein lebhafter Handelsverkehr. Da nun Genua von Sizilien Seide und Getreide beziehe, ohne dafs Sizilien seinerseits genötigt wäre, genuesische Waren aufzukaufen, so sei es klar, dafs die Genueser gezwungen würden, die Differenz in Geld auszugleichen, und die Erfahrung bestätige denn auch diese Ansicht, denn es gehen stets eine grofse Menge guter Silbermünzen (sogen. Genovinas) von Genua nach Sizilien. Hier zeige sich also die geheime Macht des Handels, die so grofs und unwiderstehlich sei, dafs selbst eine so mäfsige und weise Nation wie die Genueser, nicht verhindern könne, dafs das Geld aus ihrem Lande ströme.

Die übrigen Beispiele, die Uztariz besonders dem holländischen Handel entnimmt, der durch einen ähnlichen Export von Edelmetallen nach Rufsland, Norwegen u. s. w. Schaden leide, beruhen auf demselben Grunde. Sie alle sind schon deshalb nicht beweiskräftig, weil nur der Handel mit einem e in z i g e n fremden Staate in Betracht gezogen ist, während doch der g e s a m t e A u f s e n h a n d e l eines Landes berücksichtigt werden müfste. Die Art seiner Beweisführung zeigt also einmal, dafs unser Autor in der Untersuchung, ob ein Land eine ungünstige Handelsbilanz habe, durchaus fehlgeht, und dann auch, dafs er den Warencharakter des Geldes vollkommen verkennt; die Frage, ob in einem Lande auch zuviel Geld vorhanden sein könne, scheint er sich nie beantwortet zu haben, was allerdings in der Thatsache, dafs in Spanien nur wenig Geld vorhanden, seine Erklärung findet. Die Entwertung des Edelmetalls in den früheren Jahrhunderten, wie sie in dem Sinken der Warenpreise zu Tage getreten, hat er jedenfalls völlig aufser acht gelassen. Gerade jenen gänzlichen Mangel an edlen Metallen in Spanien darf man bei der Beurteilung unseres Autors nicht aus den Augen lassen. Die merkwürdige Erscheinung, dafs trotz des reichen Zuflusses von Edelmetall aus Amerika nach Spanien dieses Land fast nur Scheidemünze aufwies, mufste Uztariz dahin führen, immer von neuem auf jene Thatsachen hinzuweisen, und bei der stetigen Hervorkehrung dieses einen Momentes konnte eine gewisse Übertreibung nicht ausbleiben. Er ist jedoch einsichtig genug, um sich sagen zu können, dafs die bisherigen Mafsregeln zur Verhinderung der Geldausfuhr völlig wirkungslos geblieben sind. Er weist darauf hin [2]), wie die Erfahrung gezeigt habe, dafs auch die

---

[1]) S. a. a. O. Kap. XV p. 29 ff.
[2]) Kap. XVII p. 33 ff.

härtesten Strafen, die in Spanien auf die Edelmetallausfuhr gesetzt
seien, diese letztere doch nicht verhindert hätten, trotzdem Könige
und Minister sich stets bemühten, eine exakte Ausführung der bestehenden Gesetze zu sichern. Eine völlige Absperrung der Landesgrenzen sei eben wegen deren Ausdehnung undurchführbar, und
wenn schon die Ein- und Ausfuhr der gewöhnlichen Waren nicht
kontrolliert werden könne, so sei dies noch viel weniger bei den
kostbaren Edelmetallen möglich, deren Export dem Schleichandel
einen weit gröfseren Gewinn in Aussicht stelle.

Im Hinblick auf diese Thatsachen sieht Uztariz das einzig
natürliche, wirksame und sichere Mittel zur Verhinderung der Geldausfuhr in der Erzielung einer günstigen Handelsbilanz oder, wie
er sich ausdrückt, der Schaffung eines Zustandes, bei dem das Inland mehr exportiert, als es vom Auslande bezieht. Trotzdem will
er jedoch die polizeilichen Mafsnahmen der Geldausfuhrverbote nicht
abgeschafft sehen, einen gewissen Nutzen kann er auch diesen nicht
absprechen.

Sein Hauptaugenmerk ist aber auf die Verwirklichung jener
obigen Forderung gerichtet, welche in der Hebung des Handels und
der Industrie den alleinigen Weg zur Abhilfe der jetzigen Übel-
stände sieht. Obwohl wir auf die einzelnen Vorschläge, welche
Uztariz in dieser Beziehung macht, später noch ausführlicher eingehen werden, so mögen doch hier die Hauptgesichtspunkte Platz
finden, welche ihn bei seinen Ausführungen leiten.

Als eins der wirksamsten Mittel zur Verbesserung der wirtschaftlichen Zustände des Landes betrachtet Uztariz eine richtige
Zoll- und Steuerpolitik. Bei den grofsen Meinungsverschiedenheiten,
sagt Uztariz[1]), wie sie namentlich auf politischem Gebiete herrschen,
habe er selbst bei Ministern dem irrtümlichen Grundsatze huldigen sehen, dafs auf auszuführende Waren hohe Abgaben gelegt
werden müfsten, weil die Ausländer diesen Zoll trügen, während
von den zu importierenden Waren nur ein geringer Zoll erhoben
werden dürfe, da die Importzölle den Inländern zur Last fielen.
Wenn er auch vollkommen überzeugt sei, antwortet Uztariz hierauf, dafs die Verfechter dieser Grundsätze dabei von den besten
Absichten geleitet würden, so könne doch kein Zweifel darüber
herrschen, dafs die Anwendung derselben nur verderbenbringend
wirken werde. Denn kämen jene Prinzipien zur Geltung und würde

[1]) Kap. LXXVIII p. 237 ff.

bei der Besteuerung kein Unterschied zwischen Fabrikaten und Rohstoffen gemacht, so werde die Industrie dem Ruin entgegengeführt.
Wollte man hohe Zölle auf den Export von Fabrikaten legen, so hiefse
dies doch nur, denselben gänzlich verhindern. Fände letzteres aber
statt, so würden hierdurch nicht allein die Einkünfte des Staates ge-
schmälert, sondern auch der Aufschwung der heimischen Industrie
zur Unmöglichkeit gemacht. Nicht minder schädlich würden die
niedrigen Importzölle wirken, sie könnten nur die Folge haben, dafs
Spanien mit fremden Fabrikaten überschwemmt, das wenige noch
im Lande gebliebene Geld bis auf den letzten Heller ausgeführt
und die überdies schon stark zurückgegangene Industrie des Landes
gänzlich vernichtet werde. —
Schon diese Ausführungen unseres Autors deuten die Prinzipien
an, nach denen er die Wirtschaftspolitik geleitet wissen will. Er
verlangt vor allem eine starke Besteuerung der ausländischen Waren,
um die heimische Industrie vor der Übermacht des Auslandes zu
schützen und sie auf diese Weise zur Kräftigung zu bringen [1]). Die
Exportzölle von Fabrikaten dagegen sind möglichst zu erniedrigen,
unter Umständen sogar gänzlich zu beseitigen [2]), damit das Inland
gegenüber dem Auslande konkurrenzfähig werde, indem nur ent-
sprechend billige Waren auf dem ausländischen Markte auf Absatz
rechnen können. Eben deshalb sind die Produktionskosten zu ver-
ringern, was nur dadurch geschehen kann, dafs durch mäfsige Besteuerung der Konsumtibilien die Lebensmittel billiger gemacht werden [3]). Aus demselben Grunde sollte man auch die zur Fabrikation
erforderlichen Hilfsstoffe, soweit sie nicht im Inlande selbst zu haben
sind, nicht durch übermäfsig hohe Abgaben im Preise steigern [4]).
Vor allem aber sind die drückenden Abgaben, die im Innern des
Landes dem Verkehr die ärgsten Fesseln anlegen und die Fabrikation erschweren, nach Möglichkeit zu erniedrigen oder sogar ab-
zuschaffen [5]).
Doch sind es diese Mafsnahmen zollpolitischer Natur nicht
allein, von deren Inkrafttreten Uztariz Besserung erhofft, denn er
ist sich wohl bewufst, dafs die Erstarkung der Industrie in erster
Linie von dieser selbst ausgehen mufs. Deshalb empfiehlt er die

---

[1]) Kap. II, LXXXI.
[2]) Kap. VIII.
[3]) Kap. V, X, XII.
[4]) Kap. I, V, VII, VIII.
[5]) Kap. I, X.

Heranziehung fremder Handwerker [1]). die ihre Fertigkeiten und Kenntnisse unter der spanischen Bevölkerung verbreiten möchten. Auch dies werde dazu beitragen, das Wachstum der Bevölkerung zu fördern, wie denn überhaupt eine gedeihliche Entwickelung der ganzen Volkswirtschaft das beste Mittel sei, um der Entvölkerung Spaniens entgegenzuwirken.

Überblickt man diese Vorschläge unseres Autors, so erscheint wohl die Behauptung gerechtfertigt, dafs derselbe die Bedürfnisse seines Vaterlandes im ganzen richtig erkannt hat. In der Lage, in der sich Spanien damals befand, mufste auch ein hoher Importzoll auf fremde Waren, der dem massenhaften Eindringen ausländischer Fabrikate ein Ziel setzte, gerechtfertigt erscheinen, denn wenn auch hiermit eine Verteuerung der betreffenden Gegenstände notwendig verbunden war, — die unbewiesene Behauptung des Uztariz, dafs das Inland nicht den Zoll trage, dürfen wir wohl mit Stillschweigen übergehen, — so berechtigt die mifsliche Lage der Industrie dennoch dazu, der Gesamtheit ein solches Opfer aufzuerlegen, da die Folgen indirekt auch ihr zu gute kommen. Auch die übrigen Vorschläge müssen wir, in ihrer Allgemeinheit, als korrekt und sachgemäfs anerkennen. Wie Uztariz dieselben im einzelnen zur Durchführung zu bringen gedenkt, wie er ferner vor allem nachzuweisen sucht, dafs die eventuellen Zollerniedrigungen keinen Einnahmeausfall für die Staatskasse in Aussicht stellen, im Gegenteil zur Steigerung der Staatseinkünfte beitragen, dies werden wir in einem folgenden Abschnitte zur weiteren Darstellung bringen. —

Gehen wir nunmehr dazu über, auch Ulloas Grundanschauungen einer näheren Betrachtung zu unterziehen.

Wir haben früher bereits darauf hingewiesen, dafs derselbe sich den Ideen des Uztariz durchaus anschliefst und diesen gewissermafsen als sein Vorbild betrachtet. Schon hieraus geht hervor, dafs beide im grofsen und ganzen denselben Prinzipien huldigen, und wir die charakteristischen Anschauungen des Uztariz bei Ulloa wiederfinden. Es wird deshalb genügen, hier diejenigen Momente hervorzuheben, welche die von Uztariz schon besprochenen Fragen in einem etwas veränderten Lichte erscheinen lassen.

In seiner Definition des Handels unterscheidet Ulloa zwischen „comercio" und „tráfico". Unter dem ersteren versteht er den Verkauf

---

[1]) Kap. V, XI, XIV, LX.

oder Umtausch von solchen Gütern, die veräufsert werden können [1]). Der „tráfico" dagegen bewirkt nach ihm den Transport jener Güter von dem Orte, wo sie erzeugt sind, dorthin, wo sie verkauft oder ausgetauscht werden [2]) [3]). Diese beiden Thätigkeiten begründen, nach Ulloa, die Macht, den Reichtum und das Gedeihen des Staates, denn von ihrer Vollkommenheit hängt die Blüte der Industrie ab, welche ihrerseits wieder auf den ganzen Staatskörper belebend einwirkt. Unter jenen beiden Arten des Handels nimmt die erstere den hervorragendsten Platz ein. Der „Comercio" ist seiner Natur nach einer besonders grofsen Entwickelung fähig, weshalb denn auch Ulloa auf die Beschaffenheit desselben noch näher eingeht. Er zerfällt nach ihm hinsichtlich der Art der benutzten Verkehrswege in Land- und Seehandel, hinsichtlich seiner wirtschaftlichen Folgen dagegen in den aktiven Handel („comercio activo"), passiven Handel („comercio pasivo") und den wechselseitigen Handel („comercio reciproco"). Aktiven Handel treibt eine Nation, wenn sie Bodenprodukte und Waren exportiert und dafür entweder notwendige Bedürfnisse oder aber Edelmetalle einführt. Demgegenüber versteht man unter dem passiven Handel denjenigen, vermittelst dessen eine Nation vom Auslande her Waren bezieht und statt derselben Edelmetalle fortgibt, ohne diese letzteren durch den Warenexport an andere Nationen wieder gewinnen zu können [4]). Ein wechselseitiger Handel besteht

---

[1]) „Comercio es la venta, ò permuta que se hace de las especies vendibles." (p. 1.)

[2]) Tráfico (es) el que se hace conduciendo las tales especies del lugar adonde se fabricaron, ò criaron, al de la venta, ò permuta." (p. 1 u. 2.)

[3]) Es würde demnach der Ausdruck „comercio" auf die Definition Roschers vom Handel passen, der ihn als das gewerbsmäfsig betriebene Kaufen zum Wiederverkauf bezeichnet (Nationalökonomik des Handels und Gewerbfleifses, § 9) und ihn streng von den Veräufserungsgeschäften der blofsen Produzenten (dem „tráfico" des Ulloa) geschieden wissen will. Fast ganz so ist auch die Definition von Lexis (Schönbergs Handbuch I. p. 1017). Ob Ulloa mit seiner Unterscheidung dem spanischen Sprachgebrauch vollkommen gefolgt ist, vermögen wir nicht zu sagen. Das „Diccionario general de la lengua castellana" von D. José Caballero kennt jenen Unterschied nicht. Es definiert: Comercio = Negociacion y tráfico que se hace comprando, vendiendo ó permutando unas cosas con otras. Tráfico = Comercio, negociacion ó grangería que se hace comprando y vendiendo.

Hieraus ist eine Verschiedenheit der Bedeutung im Sinne Ulloas nicht erkennbar.

[4]) Auch Lexis (Schönbergs Handbuch I p. 1020) unterscheidet Aktivhandel

in dem Falle, dafs zwei Nationen Bodenprodukte und Fabrikate gegeneinander austauschen, ohne dafs dabei Edelmetalle oder sonstige Kostbarkeiten als Tauschmittel dienen. Sobald dies geschehen sollte, würde der Handel zu einem aktiven resp. passiven werden, indem die eine Nation von der anderen Edelmetalle erhält.

Die aus diesen Definitionen sich ergebenden Anschauungen decken sich ihrem wesentlichen Inhalte nach vollkommen mit den Ausführungen des Uztariz, die wir vorhin kennen gelernt haben. Den „comercio util" des Uztariz finden wir in dem „comercio activo" des Ulloa wieder, und der „comercio dañoso" des ersteren entspricht genau der Definition, die Ulloa vom „comercio pasivo" gibt. Wenn dieser aufserdem noch von einem „comercio reciproco" redet und demselben die vorteilhafte Eigenschaft beimifst, ohne Zuhilfenahme des Geldes betrieben werden zu können, welches letztere dann im Lande bleiben würde, so tritt hierin eine ähnliche Verkennung der Aufgaben des Geldes, eine ähnliche Überschätzung des blofsen Geldbesitzes zu Tage, wie wir sie schon bei Uztariz vorgefunden haben.

Ulloa betrachtet nunmehr die spanische Wirtschaftslage unter Zugrundelegung jener Begriffsbestimmungen und kommt dabei zu dem Resultate, dafs sein Vaterland mit keiner der fremden Nationen einen aktiven Handel treibe, die amerikanischen Kolonieen seien die einzigen, welche von Spanien Waren erhalten und dafür Edelmetalle austauschen. Ja, selbst nicht einmal ein wechselseitiger Handel mit dem Auslande sei vorhanden, so dafs Spanien nur einen passiven betreibe, der naturgemäfs das Land ruinieren müsse. Die von Ulloa vorgeschlagenen Mittel zur Beseitigung dieser Mifsverhältnisse, die in einer rationellen Besteuerung, in Verkehrserleichterungen u. s. w. bestehen, entsprechen in ihren Grundzügen durchaus den von Uztariz geltend gemachten Forderungen. Würde man zu Reformen dieser Art schreiten, so könne auch eine Besserung der industriellen Verhältnisse nicht ausbleiben, welche dann ihrerseits wiederum eine Steigerung der Bevölkerung veranlassen werde, denn die Zahl der Menschen vermindere oder vermehre sich mit dem Aufblühen der Gewerbe, in denen die Unterthanen Beschäftigung finden [1].

Wir mufsten soeben die Überschätzung des Geldfaktors in der

und Passivhandel, ohne jedoch dabei den letzteren hinsichtlich der Gewinnaussichten unbedingt als ungünstiger hinzustellen. Vergl. auch Roschers Nationalökonomik des Handels und Gewerbfleifses, § 17.

[1] Vergl. Kap. I, 3.

Volkswirtschaft als einen charakteristischen Irrtum des Ulloa hin-
stellen. Dennoch kann er, ebensowenig wie Uztariz, sich in dieser
Hinsicht der Wahrheit nicht verschliefsen, welche die bittere Erfahrung
bald einem jeden aufdrängte. Die Macht des Staates, sagt er,
richte sich nicht nach der Gröfse des Gebietes, welches die Edelmetalle birgt, denn diese strömen dahin, wohin die Arbeit und der
Gewerbfleifs sie rufe ¹). — „Als wir uns als Herren der Neuen Welt
und seiner Bergwerke erblickten," so ruft Ulloa aus ²), „glaubten wir
in unserer Unwissenheit, dafs dieser eitle Besitz uns für immer alle
Schätze und Reichtümer sichere. Im Vertrauen hierauf vernach-
lässigten wir unsere Industrie, so dafs die Ausländer, welche den
Grund dieser Erscheinung erkannten, aus unseren Fehlern Nutzen
zogen und alles Edelmetall aus dem Lande fortführten." — „Wenn
wir arm sind, die fremden Staaten dagegen reich, so hat dies seinen
Grund nicht etwa darin, dafs die Goldminen ihnen näher liegen als
uns; wenn man in unseren Besitzungen nach Edelmetallen gräbt, so
bleiben diese deshalb noch nicht in unserem Lande: die Industrie
und der Gewerbfleifs der Fremden ist eine Macht, welche die Edelmetalle an sich zieht und sie ihnen erhält" ³). Demnach zeigt es sich,
dafs auch Ulloa, trotz seiner Einseitigkeiten, die wahre Ursache des
Verfalls der spanischen Industrie richtig erkannt hat.

Die theoretischen Grundanschauungen von Uztariz und Ulloa,
wie wir sie hier vorgeführt haben, werden mit den allgemeinen Sätzen
verglichen, die wir früher als die Hauptlehren des Merkantilismus
bezeichnet haben, sehr wohl als charakteristisch für dieses System
gelten können, obwohl unsere beiden Autoren sich durchaus fern
halten von Ansichten, die Männer wie Blanqui u. a. als die Quintessenz
des Merkantilismus ansehen. Ihre Theorieen werden durch die folgenden Ausführungen, die ein mehr ins einzelne gehendes Bild von
ihren Reformvorschlägen geben wollen, noch wesentlich ergänzt
werden. Wir konnten hier nur die Hauptgesichtspunkte aufführen,
unter denen ihre reorganisatorischen Pläne zu betrachten sind, die
eine Umgestaltung der gesamten spanischen Staatswirtschaft an-
strebten.

¹) S. Kap. I, 2.
²) Vergl. seine Einleitung zur span. Orig.-Ausg.
³) S. Kap. I, 15.

V.

Schon früher machten wir darauf aufmerksam, dafs bei der zwangslos plaudernden Weise, in der Uztariz sowohl als auch Ulloa ihren Gegenstand behandeln, eine einheitliche, systematische Darstellung ihrer Anschauungen und Bestrebungen von ihnen nicht erwartet werden kann, dafs sie vielmehr mit Vorliebe die gelegentliche Berührung anderer Fragen, frühere Einwürfe ihrer Gegner und ähnliche Anlässe dazu benutzen, um, von dem Hauptgegenstande ihrer Erörterung sich abwendend, ihre Stellung zu jenen Fragen weitläufig darzulegen. Die Folge eines solchen Verfahrens ist nun aber die, dafs unsere beiden Autoren zwar überaus zahlreiche Fragen des Wirtschaftslebens zur Sprache bringen, ohne jedoch die einzelnen nach allen Seiten hin mit der entsprechenden Vollständigkeit zu erörtern. Schon aus diesem Grunde sehen wir uns genötigt, selbst bei einer genaueren Betrachtung der von Uztariz und Ulloa gemachten Reformvorschläge unsere Ausführungen in gewissen Grenzen zu halten, und nur solche Gegenstände zu berühren, die ihrer Natur nach geeignet sind, die wirtschaftspolitische Richtung unserer Autoren klar hervortreten zu lassen. Da ferner jene Vorschläge naturgemäfs an die bereits vorhandenen Gesetzesbestimmungen sich anschliefsen, so ist eine Berücksichtigung der unter Philipp V. schon eingeführten Reformen nicht zu vermeiden.

Bei den folgenden Darlegungen werden wir nun, ähnlich wie im vorigen Abschnitte, zunächst die den Handel und Verkehr betreffenden Ansichten und Vorschläge zu berücksichtigen haben, um sodann die gewerblichen Verhältnisse, und zwar sowohl die Gewerbe der Urproduktion als auch die Industrie einer eingehenderen Betrachtung zu unterziehen. Reformen in diesen Produktionszweigen stehen mit den Zoll- und Steuerverhältnissen des Landes im engsten Zusammenhange und so erscheint auch eine Erörterung dieser letzteren geboten. Schliefslich wird eine Behandlung der das Bevölkerungswesen betreffenden Fragen ebenfalls geeignet sein, über einige Grundanschauungen unserer Autoren gröfseres Licht zu verbreiten.

Im ersten Abschnitte unserer Untersuchung wiesen wir bereits darauf hin, dafs Uztariz bei seinen Vorschlägen zur Umgestaltung

der spanischen Handels- und Verkehrsverhältnisse die Wirtschaftspolitik der Holländer, Franzosen und Engländer sich als Vorbild
dienen läfst. In diesen Staaten spielten nun bekanntlich damals
die Handelskompanien eine grofse Rolle. Philipp III. von Spanien
hatte, wie wir sahen, den holländischen Schiffen das Einlaufen in
spanische und portugiesische Häfen untersagt. Die Holländer, deren
Handel durch diese Mafsregel einen empfindlichen Schlag erlitt,
suchten sich, um so mehr als ihnen durch die bekannte Navigationsakte auch der Handel mit England zum grofsen Teil unmöglich gemacht worden war, für solche Vexationen in der Weise zu entschädigen, dafs sie mit den beiden Indien in direkte Handelsverbin-
dung traten, und ihre ostindische Kompanie gelangte bald zu
hoher Blüte und Macht. Wie diese den Portugiesen in Ostindien
erfolgreich Konkurrenz machte, so erstand in der westindischen
Kompanie den Spaniern in Amerika und Westindien ein gefährlichei
Nebenbuhler, und das Sinken des spanischen Handels, über welches
wir uns im zweiten Abschnitte ausführlicher ausgelassen haben, war
zum nicht geringen Teil eine Folge der Unternehmungslust der
Holländer. Zwar waren auch andere Staaten mit der Gründung
von Handelskompanien vorgegangen, doch nahmen die französische
Mississippi-Gesellschaft und die englische Südsee-Kompanie ein
klägliches Ende, während die englisch-ostindische Kompanie im
Beginne des 18. Jahrhunderts bei weitem noch nicht von der Bedeutung war, die sie einige Dezennien später unter Lord Clive und
Warren Hastings erlangen sollte. So erregte denn vor allem die
grofse holländisch-ostindische Kompanie die vollste Bewunderung des
Uztariz; es lag daher für ihn die Erörterung der Frage nahe, ob
sich auch für Spanien die Gründung einer solchen Handelsgesellschaft empfehle.

In dieser Beziehung weist nun Ustariz darauf hin [1]) dafs, die
holländisch-ostindische Kompanie darum zu einer weit mächtigeren
und blühenderen sich entwickelt habe als alle anderen, weil dieselbe
über die von ihr in Besitz genommenen Ländergebiete eine gesetz-
gebende und vollziehende Gewalt ausübte, während sich die Regierung der Generalstaaten kaum mehr als blofs nominelle Hoheits-
rechte vorbehielt, so dafs also die Kaufleute fast unumschränkt das
Kolonialgebiet verwalteten [2]). Eine derartige Macht war aber für die

---

[1]) S. a. a. O. Kap. 38.
[2]) In dieser Hinsicht waren die Verhältnisse denen der englisch-ostindischen
Kompanie analog.

Handelsgesellschaft vom gröfsten Vorteil, indem jene es ihr erst
ermöglichte, auf eigne Faust grofse Ländergebiete zu erobern und
unter ihre Verwaltung zu stellen. Im Hinblick auf solche Erfolge,
so führt Uztariz weiter aus [1]), ist es nicht zu verwundern, dafs von
den verschiedensten Seiten der Vorschlag gemacht worden ist, auch
in Spanien derartige Handelsgesellschaften zu errichten, und schon
liegen Entwürfe betreffs der Organisation derselben vor. Sehr triftige
Gründe sprechen jedoch gegen ein solches Vorgehen. Einmal würde
sich die spanische Regierung nie dazu herbeilassen, einer Handelsgesellschaft so weitgehende Privilegien zu erteilen, wie sie die
holländische besitzt. Sodann aber ist in Anbetracht der Lebhaftig-
keit des spanischen Charakters nicht zu erwarten, dafs die Sache
mit derjenigen Ruhe behandelt werde, welche bei der Ausführung
solcher Projekte erforderlich ist, was um so mehr ins Gewicht
fällt, als in den ersten Jahren ihres Bestehens der Gesellschaft
kein Profit, sondern nur Kosten erwachsen würden. Endlich darf
man die Gefahr nicht unterschätzen, welche darin liegt, dafs man
den Handel Spaniens in den Händen weniger Kaufleute monopoli-
siert. Ohne Monopol aber würde eine solche Gesellschaft nicht
lebensfähig sein. Weit besser ist es, wenn bei guten und sicheren
Schiffahrtsverbindungen [2]) und Handelswegen die Konkurrenz eine
freie ist, bei der ein jeder seinen Handel betreiben kann, wo und
mit wem er will, und er nicht genötigt ist, seine Waren womöglich
zu einem Spottpreise an die mit dem Monopol ausgestattete Kompanie zu verkaufen.

Aus allen diesen Gründen kann Uztariz die Einrichtung einer
Handelskompanie für Spanien nicht empfehlen; eine solche würde
nicht im stande sein, die Schwierigkeiten, mit denen die Volkswirtschaft jenes Landes zu kämpfen hat, aus dem Wege zu räumen.
Denn die Hauptvorbedingung zur Besserung der spanischen Wirtschaftslage ist erst dann als erfüllt anzusehen, wenn der Handel
mit Erzeugnissen des eignen Landes betrieben wird. Es würde
deshalb selbst eine blühende Handelskompanie, welche ihre Waren
vom Auslande bezöge, für die Wohlfahrt Spaniens ohne Nutzen
sein, da durch ihre Errichtung nur die Form, nicht das Wesen
des verderblichen Handels geändert würde. Wollte man aber

---

[1]) S. a. a. O. Kap. 39.

[2]) Die Vorschläge, welche Uztariz in dieser Richtung macht, und die in der
Reorganisation der gesamten Marine gipfeln, haben wir bereits im ersten Abschnitt kurz dargelegt.

die Gesellschaft verpflichten, alle Waren aus dem Inlande zu beziehen, also dieselben dort aufzukaufen, wo sie am teuersten sind,
so wäre dies eine Maßregel, die allen Forderungen des natürlichen Rechts so sehr widerspräche, daß ihre Ausführung niemals
gelingen oder doch zu den größten Vexationen und Unzuträglichkeiten führen würde. Solange die spanischen Waren infolge der
hohen Zölle weit teurer sind als die fremden, werden diese letzteren
trotz aller Verbote dennoch ihren Weg nach den spanischen Kolonieen zu finden wissen. Alles Raisonnement läuft also darauf
hinaus, daß das einzige Mittel zur Hebung des Handels in der
Änderung der bisherigen Zoll- und Steuerpolitik und in der Stärkung
der Industrie zu suchen ist.

Wenngleich nun Uztariz in dieser absprechenden Weise über
den Plan urteilt, in Spanien Handelsgesellschaften zu gründen, so
kann er sich doch nicht der Thatsache verschließen, daß es auch
Fälle gibt, in denen solche sehr wohl am Platze sind [1]); nämlich
einmal dann, wenn die Regierung nicht die erforderliche Macht besitzt, um in den unkultivierten Ländern, nach denen sich der Handel
der Unterthanen richtet, ihrer Autorität geltend zu machen und den
Kaufleuten den nötigen Schutz zu gewähren; sodann in dem Falle,
daß die Unternehmungen der letzteren zu gewagt und unsicher erscheinen und sich in zu entfernte Gegenden der Erde erstrecken,
als daß die Regierung ohne Schädigung ihrer eignen Interessen denselben ihre Fürsorge angedeihen lassen könnte. In solchen Fällen
ist es wünschenswert, daß sich Gesellschaften bilden, die in den
betreffenden Ländern auf eigne Faust vorgehen, Niederlassungen
gründen, Beamte anstellen und Truppen ausrüsten. Deshalb ist
denn auch die holländisch-ostindische Kompanie ein äußerst nütz-
liches Institut und die Art ihrer Thätigkeit nur zu billigen. Doch
jene obengenannten Fälle treffen für Spanien nicht zu, seine amerikanischen Kolonieen sind gut organisiert, während der spanische
Handel nach den anderen Erdteilen, von den Philippinen abgesehen,
ohne Bedeutung ist.

Hiermit haben wir die wesentlichsten Punkte aufgeführt, welche
die Stellung des Uztariz zur Frage der Errichtung von Handelskompanien charakterisieren. Ulloa hat sich in Bezug hierauf weit kürzer ge-
faßt. Doch zeigen die wenigen Bemerkungen, welche sich bei ihm über
diesen Gegenstand vorfinden, daß er die Anschauungen seines Lands-

---

[1]) S. a. a. O. Kap. 41.

mannes teilt. Es ist gewifs von Interesse, zu sehen, wie auch er, der Merkantilist, ausdrücklich betont [1]), dafs durch die Handelskompanieen ein Monopol geschaffen würde, welches dem Gesamtwohl des spanischen Handels nur nachteilig sein könnte. Aufserdem sei kaum zu hoffen, dafs die Gesellschaften dem Schleichhandel der Ausländer ein Ziel setzen würden. Ihre Errichtung dürfte keine anderen Folgen haben, als eine Schädigung des freien Handels, der früher so lange mit dem gröfsten Nutzen betrieben worden, von welchem jedoch jetzt nichts als die Erinnerung an ihn zurückgeblieben sei.

Die vorstehenden Erörterungen über die Handelskompanieen lassen über einige andere Fragen ebenfalls interessante Streiflichter fallen. Zunächst sehen wir auch hier wieder die hohe Bedeutung hervortreten, welche Uztariz dem Handel als solchem beimifst. Sie tritt besonders in der Wertschätzung zu Tage, mit der er von dem Zwischenhandel der Holländer spricht, den er, wie wir sahen, auch früher schon als nachahmenswertes Beispiel hingestellt hatte. Uztariz glaubt [2]), dafs derselbe seine Blüte in erster Linie dem Umstande zu verdanken habe, dafs die Holländer von den meisten Waren nur den geringen Einfuhrzoll von 2—5% erheben. Wenn nun auch die Lage der Verhältnisse die genaue Befolgung dieses Grundsatzes in Spanien verböte, so könne man doch wenigstens im Verkehr mit den amerikanischen Kolonieen Zollermäfsigungen eintreten lassen, was den spanischen Handel auf das günstigste beeinflussen und dadurch den Kampf gegen die ausländische Konkurrenz erleichtern würde.

Wünschen dieser Art hatte die spanische Regierung teilweise schon Rechnung getragen: zahlreiche Edikte Philipps V. und seiner Minister ordneten Mafsregeln an zur Herabsetzung der bestehenden Zölle, namentlich der hohen Auflagen auf den Import von Kakao auf spanischen Schiffen, infolge deren dieser Handelszweig fast ganz in die Hände der Ausländer übergegangen war, zur Erleichterung des Warenhandels mit den Kolonieen [3]) und zur Hebung der Schiffahrt [4]); an Verboten des Schleichhandels der Ausländer mit dem spanischen Amerika, sowie der Einfuhr von Seidenstoffen und sonstigen Geweben aus China und anderen asiatischen Ländern liefs man es nicht fehlen [5]). Man wiederholte mit diesen letzteren Bestimmungen

---

[1]) S. a. a. O. II, Kap. XV. 89.
[2]) S. a. a. O. Kap. 34.
[3]) S. a. a. O. Kap. 46 u. 47.
[4]) S. a. a. O. Kap. 45.
[5]) S. a. a. O. Kap. 44.

nur die bekannten Verordnungen, welche die früheren spanischen
Herrscher schon seit Jahrhunderten immer wieder erlassen hatten,
ohne damit dem alten Übel abzuhelfen. Freilich ist es sehr erklärlich, dafs in Anbetracht der rigorosen Mafsregeln, welche andere
Staaten zur Bekämpfung der ausländischen Konkurrenz und zur
Hebung der eignen Schiffahrt erlassen hatten, auch die Spanier sich
veranlafst fühlten, energisch ihre Interessen zu wahren, und können wir
es nur natürlich finden, wenn Ulloa, unter Anlehnung an die englische Navigationsakte, verlangt, alle aus Amerika kommenden Waren
nur auf spanischen Schiffen zu importieren, während die Waren
fremden Ursprungs ausschliefslich auf spanischen und auf Schiffen
derjenigen Länder eingeführt werden sollten, in denen jene Waren
erzeugt oder veredelt sind [1]). Zur Hebung des spanischen Exports
auf eignen Schiffen schlägt Ulloa vor [2]), diesen letzteren ein Drittel
des Ausgangszolles, welchen die fremden Schiffe zahlen müssen, zu
erlassen. Nun könnte zwar der Fall eintreten, dafs das Ausland
zu Repressivmafsregeln griffe und seine Einfuhrzölle in demselben
Mafse erhöhte, so dafs also jene spanische Verordnung nutzlos werden
würde. Doch alsdann, meint Ulloa [3]), sei es Sache der Spanier,
ihrerseits ebenfalls wieder mit Zollerhöhungen vorzugehen. Was
den Import ausländischer Waren auf Schiffen des Ursprungslandes
anbelangt, so hält Ulloa die allgemeine Einführung des Tarifs von
Sevilla, welcher 10 % vom Werte der Waren fordert, für angemessen.
Vor der Hand jedoch empfiehlt er keine weitere Erhöhung, da einerseits Spanien fürs erste seine Bedürfnisse nicht völlig durch eigne Erzeugnisse zu decken vermöge [4]), und anderseits die Höhe der Belastung der spanischen Waren seitens des Auslandes zu Repressivmafsregeln noch keinen Anlafs gebe.

Weit naturgemäfser und bedeutsamer als diese, einen ewigen Zollkrieg in Aussicht stellenden Vorschläge unserer Nationalökonomen
dürften diejenigen Forderungen sein, durch welche sie eine wirksamere Vertretung der wirtschaftlichen Interessen im Auslande anzubahnen hoffen.

Bei Gelegenheit der Besprechung der Handelspolitik der früheren
spanischen Könige machten wir darauf aufmerksam, dafs unter
Ferdinand und Isabella aufser den für den Schutz der in der Fremde

[1]) S. a. a. O. II, Kap. XI, 53.
[2]) S. a. a. O. II, Kap. XI, 55.
[3]) S. a. a. O. II, Kap. XI, 56.
[4]) Dies ist auch Uztariz' Ansicht. S. a. a. O. Kap. 107 S. 404.

weilenden spanischen Unterthanen eingesetzten Konsuln, im Auslande angestellte Handelsagenten zur engeren Verknüpfung der auswärtigen Handelsbeziehungen berufen waren. Leider hatte diese zweckmäfsige Einrichtung nicht allzulange Bestand. Sei es, dafs mit dem Niedergange der spanischen Volkswirtschaft der Wirkungskreis jener Agenten sich immer mehr verringerte, um endlich ganz zu verschwinden, oder dafs die grofse Geldverlegenheit den Königen späterhin die Subventionierung derartiger Vertreter unmöglich machte, jedenfalls existieren dieselben beim Beginn des 18. Jahrhunderts nicht mehr. Auch fehlen, wie Uztariz hervorhebt [1]), im Auslande die Magazine und Lagerhäuser, in denen früher die Spanier auf eigne Rechnung ihre Waren aufstapelten, um sie beim Eintritt günstiger Konjunkturen abzusetzen, und weiter hat jener Mangel an den erforderlichen Handelsagenten den Ruin des spanischen Zwischenhandels zur Folge gehabt. Der spanische Kaufmann hatte niemanden mehr, dem er Anweisungen zum Austausch seiner eignen Waren gegen andere geben konnte, welches Verfahren wegen der Verschiedenheit der Münzsysteme in den einzelnen Ländern im allgemeinen einen gröfseren Gewinn abwirft als die Barzahlung. Anderseits ist aber auch die Zahlung mit Wechseln nicht selten Verlusten ausgesetzt, ganz abgesehen davon, dafs jene häufig überhaupt nicht zu haben sind. Allen diesen Mängeln könnte nun durch die Beschaffung einer geeigneten Vertretung im Auslande wirksam begegnet werden. Zwar existieren schon in den verschiedensten Häfen spanische Konsuln; sie können jedoch für den Mangel an Handelsagenten nicht entschädigen; einmal deswegen nicht, weil die Mehrzahl jener Konsuln nicht selbst Spanier sind und ihnen meistens die Nation, mit deren Interessenvertretung sie betraut sind, gleichgültig ist; sodann aber auch aus dem Grunde, weil eine der Hauptaufgaben der mit richterlichen Befugnissen ausgestatteten Konsuln darin besteht, Streitigkeiten der Spanier in Handels- und Schifffahrtsangelegenheiten zu schlichten, und daher der Fall eintreten könnte, dafs die Konsuln Richter und Partei zugleich wären, sobald man ihnen erlaubte, Kommissionsgeschäfte zu betreiben. Mit Recht verbot denn auch Ludwig XIV. allen französischen Konsularbeamten den Betrieb von Handelsgeschäften jeder Art oder die Beteiligung an denselben. Um den geschilderten Mifsständen abzuhelfen, empfiehlt es sich daher, die alte, schon unter Ferdinand und Isabella geübte Praxis wieder einzuführen, wozu auch schon das Beispiel der Auslän-

---

[1]) S. a. a. O. Kap. 107.

der herausfordern sollte, welche nur selten direkt mit den Kaufleuten
Spaniens verkehren, sondern ebenfalls ihre Agenten haben, die sich
nach Prozenten des Warenumsatzes bezahlen lassen. Was nun die
Wahl der Städte anlangt, in denen spanische Handelsagenten resi-
dieren könnten, so kommen von den Häfen des Mittelmeeres, wegen
der Beunruhigungen, denen die dortige Schiffahrt infolge der steten
Kämpfe gegen die Mauren und Türken ausgesetzt ist, leider nur
Marseille, Genua, Livorno, Neapel und Messina in Betracht, dagegen
eine größere Anzahl der Häfen im Westen und Norden Europas,
vor allen Bordeaux, Bayonne, Nantes, Rouen, London, Ostende,
Amsterdam, Hamburg, Kopenhagen, Danzig, Stockholm, Petersburg
und Lissabon [1]). Die Wahl der Agenten soll, vorbehaltlich ihrer Be-
stätigung durch den König, denjenigen Städten überlassen bleiben,
welche mit den betreffenden ausländischen Plätzen die regsten Handelsbeziehungen unterhalten. Als Entschädigung für ihre Leistungen
würden sie, wie auch anderwärts üblich, zunächst auf die von den
Kaufleuten zu zahlende Provision angewiesen sein; da dieselbe aber
bei dem momentanen Daniederliegen des Handels allein nicht genügen kann, so müßte ihnen so lange eine staatliche Subvention
gewährt werden, bis daß der Handelsverkehr ein regerer geworden ist.
Neben ihrer geschäftlichen Thätigkeit haben die Agenten über die wirtschaftlichen Zustände und die auf den Handel Bezug habenden Vorgänge
derjenigen Staaten, in denen sie sich aufhalten, Bericht zu erstatten.

Vorstehende Darlegungen des Uztariz schienen uns zu einer aus-
führlicheren Wiedergabe geeignet, geben sie uns doch nicht un-
interessante Aufschlüsse über die Organisation des wirtschaftlichen
Verkehrs beim Beginne des vorigen Jahrhunderts, und die Bemerkungen unseres Autors betreffs der Konsularbeamten zeigen, daß die
Mängel, unter denen unsere heutige konsularische· Vertretung leidet,
schon damals in Spanien vorhanden waren und erkannt wurden.

Nicht mit derselben Ausführlichkeit, mit welcher Uztariz über
die auswärtige Vertretung der Handelsinteressen sich ausspricht, berührt Ulloa diesen Gegenstand [2]). Um die Beziehungen Spaniens zu
den Mittelmeerstaaten und dem Norden Europas enger zu knüpfen,
empfiehlt er die Anstellung von Konsuln und Handelsagenten in
Messina und Danzig. Letzteres war namentlich wegen seiner Ge-
treideausfuhren von hervorragender Bedeutung. Auch exportierte es

---

[1]) Die weiteren Ausführungen, durch welche Uztariz die Wahl gerade dieser
Städte zu begründen sucht, übergehen wir.
[2]) S. a. a. O. II, Kap. XI, 58.

verschiedene Rohstoffe, besonders Flachs und Hanf, nach Spanien, während Messina dorthin Rohseide lieferte. Um die Versorgung Spaniens mit diesen Materialien den eine hohe Provision fordernden Fremden zu entreifsen, redet Ulloa der Errichtung von Handelsgesellschaften das Wort, deren Aufgabe es sein würde, die Rohstoffe in den sie produzierenden Ländern aufzukaufen und sie gegen eine Provision von 5 % nach Spanien abzusetzen.

Soviel über die den Handel und Verkehr betreffenden Ansichten und Vorschläge unserer beiden Wirtschaftspolitiker. Wenngleich aus ihren Ausführungen unzweideutig hervorgeht, dafs sie sich von der Belebung des Handels selbst grofsen Erfolg versprechen, so erwarten sie eine dauernde Besserung der materiellen Lage ihres Vaterlandes dennoch erst vor dem Wiederaufblühen der Industrie; und wenn wir uns erinnern, dafs Uztariz dem Handel als solchem gegenüber den anderen Gewerbszweigen eine untergeordnetere Bedeutung zuschreibt, so kann jene Thatsache uns nicht befremden. Da aber weiterhin die Blüte der Industrie auf dem Vorhandensein guten und billigen Rohmaterials beruht, so wenden Uztariz sowohl als auch Ulloa den Gewerben der Urproduktion mit Recht ihre Aufmerksamkeit zu. Dabei betonen sie besonders den Umstand, dafs Spanien infolge seiner vorzüglichen Bodenbeschaffenheit und seines günstigen Klimas die besten Boden- und tierischen Produkte selbst zu erzeugen vermag, somit weder in bezug auf die unmittelbare Konsumtion noch auf die Beschaffung des Rohmaterials für die Industrie vom Auslande abhängig zu sein brauchte, und in dieser Hinsicht günstiger dasteht, als das mächtige und reiche Holland. [1]

Die fünf, für die spanische Industrie wichtigsten Rohstoffe, sagt Ulloa [2]. sind Flachs, Hanf, Wolle, Seide und Baumwolle. Die letztere kann nun allerdings nicht in Spanien angebaut und mufs deshalb aus Amerika importiert werden. Was dagegen Flachs und Hanf anbetrifft, so vermag Spanien mit Leichtigkeit die jetzige Produktion auf das Zehnfache zu erhöhen. Seide und Wolle, welche in Spanien in vorzüglicher Qualität gedeihen, möge man im Lande selbst verarbeiten, und nicht gestatten, dafs die Ausländer sich diese Produkte aneignen, um mit den fertigen Fabrikaten den spanischen Markt zu überschwemmen [3]). Damit aber die spanische

---

[1]) Vergl. Uztariz a. a. O. Kap. 10.
[2]) S. a. a. O. II, Kap. I, 3—5.
[3]) Vergl. auch Uztariz Kap. 2.

Industrie nicht in Abhängigkeit gerate von dem Ausfall der eignen
Seidenernte, empfiehlt Ulloa [1]) die Herstellung einer besseren Schiff-
fahrtsverbindung mit den Philippinen. Die Seidenproduktion auf
diesen Inseln kann Spanien der Gefahr entreifsen, dafs infolge einer
schlechten Ernte die Preise für die Rohprodukte zum Schaden der
Industrie in die Höhe gehen. Aufserdem hat eine engere Verbindung mit den Philippinen den Vorteil, dafs Baumwolle, Gewürze
u. a. Roherzeugnisse billig von dort bezogen werden können und
man alsdann nicht mehr auf den Zwischenhandel der Holländer
angewiesen ist [2]).

Neben dem Seidenbau und der Schafzucht bildete in den früheren
Jahrhunderten die Zuckerfabrikation des Königreichs Granada einen
Hauptzweig der landwirtschaftlichen Produktion. Infolge der hohen
Abgaben jedoch, mit denen der Zucker seit der Mitte des siebzehnten
Jahrhunderts belastet [3]), war die Produktion stark zurückgegangen,
um einer Einfuhr vom Auslande her Platz zu machen, die umso
bedeutender war, als infolge der sich immer mehr steigernden Kon-
sumtion von Kakao, der Bedarf an Zucker in demselben Mafse sich
gesteigert hatte. Eine Abhilfe dieses Übelstandes erblickt Uztariz
in der Vermehrung des Zuckeranbaues und der Neuerrichtung von
Zuckerfabriken in Granada. Zugleich möge die Einfuhr ausländischen
Zuckers erschwert oder gänzlich verboten werden.

Ein besonderes Kapitel (95) widmet Uztariz dem Salz. Dasselbe
wird in Spanien aus dem Seewasser, aus salzhaltigem Quellwasser
und als Mineralwasser gewonnen. Sowohl die Gewinnung als auch
der Verkauf waren, wie wir schon früher hervorhoben, ein staatliches
Monopol. In Anbetracht dessen, dafs es ein besonders wichtiges,
unentbehrliches Nahrungsmittel der ärmeren Bevölkerung sei, aufserdem aber auch in ausgedehntem Mafse als Viehfutter zur Verwendung
gelange, empfiehlt Uztariz, den Preis für dasselbe herabzusetzen, was
um so eher geschehen könne, als bei der augenblicklichen politischen
Ruhe das Geldbedürfnis für die Steuerpolitik nicht mehr so ausschliefslich mafsgebend zu sein brauche. Uztariz sah denn auch
seinen Wunsch in Erfüllung gehen, indem ein Dekret des Königs
vom 4. Februar 1725 den Preis des Salzes um ein beträchtliches
herabsetzte.

Wie wir sehen, sind die Vorschläge unserer Autoren zur un-

[1]) S. a. a. O. II Kap. XIII, 77.
[2]) Vergl. auch Uztariz a. a. O. Kap. 84.
[3]) Vergl. hierüber Uztariz Kap. 94.

mittelbaren Steigerung der landwirtschaftlichen Produktion nicht sehr
umfassend. Ein um so gröfseres Gewicht legen sie auf die Zoll-
und Steuerreformen, durch welche sie in indirekter Weise jenes Ziel
zu erreichen suchen.

Die Besteuerung der Lebensmittel, sagt Uztariz [1]), mufs Grundsätzen unterworfen werden, die wesentlich verschieden sind von denjenigen, nach welchen der Import und Export von Rohstoffen und In-
dustrieerzeugnissen zu regeln sind. Während nämlich die Ausfuhr von
Fabrikaten in jeder Beziehung zu begünstigen ist, empfiehlt sich eine
solche in betreff der Lebensmittel nur dann, wenn nach einer besonders reichen Ernte der inländische Bedarf hinter der Produktion zurückbleibt. Es ist deshalb die Verordnung Philipps V. vom
4. Juli 1718 (Art. LVIII), welche unter gewissen Umständen den
Export des Getreides ins Ausland gestattet, nur gutzuheifsen [2]).
Was dagegen den Import von Lebensmitteln anbelangt, so
hängt, nach Uztariz, die in dieser Hinsicht einzuschlagende Zollpolitik zwar vor allem davon ab, ob im Inlande selbst genügende
Mengen derselben vorhanden sind. Doch lassen sich hierfür
allgemeine Normen kaum aufstellen, da sich die betreffenden Verhältnisse schon im Laufe eines Jahres, ja selbst eines Monats zu
ändern vermögen, infolgedessen entweder eine Erhöhung oder eine
Verminderung oder auch eine gänzliche Aufhebung der Abgaben,
oder endlich auch das absolute Verbot der Ein- resp. Ausfuhr zweckmäfsig erscheinen kann. Jedenfalls ist aber dafür zu sorgen, dafs
der Getreidetransport im Verkehr der einzelnen Provinzen unter-

[1]) S. a. a. O. Kap. 92.

[2]) In derselben heifst es: „Gewisse Leute reden in ihrem blinden Eifer
einem Getreideausfuhrverbot, auch nach mehreren guten Ernten das Wort. Eine
solche Politik ist um so unvernünftiger, als ein übergrofser Getreidevorrat gerade so verhängnisvoll werden kann, als eine Mifsernte. Denn bei voraussicht-
licher Teuerung werden die Landwirte sich ermutigt sehen, mehr Land zur Be-
wirtschaftung heranzuziehen; ist dagegen Getreide in Überfülle vorhanden, so
wirkt dies deprimierend auf ihre Unternehmungslust, indem sie alsdann ihr
Getreide entweder gar nicht oder doch nur zu einem Preise verkaufen können,
der viel zu niedrig ist, um die Produktionskosten zu decken. Infolge dessen
werden viele Landwirte ruiniert, ihre Felder bleiben brach liegen und ihre Lager-
räume werden zu anderen Unternehmungen verwendet, so dafs in den folgenden
Jahren jedenfalls Teuerung eintreten wird. Es wird daher den Intendanten der
Provinzen zur Vermeidung derartiger Unzuträglichkeiten anempfohlen, die Quan-
tität und Qualität, sowie die voraussichtliche ungefähre Konsumtion im Inlande
zu berechnen, um dann bei Getreideüberflufs die Ausfuhr desselben zu erlauben
und zu erleichtern.“

einander durch Befreiung von Abgaben und verbesserte Transport-
mittel nach Möglichkeit erleichtert werde, damit sich jene gegenseitig
aushelfen können, und nicht, wie dies bisher häufig der Fall war,
z. B. in den Provinzen Guipuscoa und Biscaya Teuerung herrsche,
während die übrigen Teile des Landes unter dem Getreideüberflufs
zu leiden haben [1]). Bezüglich der den sonstigen Konsumtibilien
gegenüber einzuschlagenden Zollpolitik empfiehlt Uztariz [2]), dem
Export von Wein keine Schwierigkeiten in den Weg zu legen und
die Ausfuhrzölle zu ermäfsigen. Ebensowenig aber möge man der
Einfuhr desselben entgegentreten, denn dieselbe sei äufserst gering-
fügig und eine ernsthafte Konkurrenz des Auslandes in dieser Hinsicht nicht zu befürchten. Inbezug auf Vieh, tierische Produkte, Obst,
Fisch, Kaffee, Thee, Gewürze u. s. w. empfiehlt Uztariz [3]) im allgemeinen die Beibehaltung der geltenden Bestimmungen, welche die
Ein- und Ausfuhr wenigstens nicht unmöglich machen.

Ein gröfseres Interesse dürften diejenigen zollpolitischen Mafsnahmen beanspruchen, welche Uztariz und Ulloa betreffs der zur
Fabrikation dienenden Rohstoffe einzuschlagen empfehlen. Was zunächst die Einfuhr derselben anbetrifft, so sagt Uztariz [4]): Unser
Hauptgrundsatz ist der, dafs Zölle auf die Einfuhr von Rohmaterialien,
soweit dieselbe unbedingt geboten erscheint, möglichst niedrig sein
sollten. Doch ist eine solche Notwendigkeit nur in den seltensten
Fällen vorhanden, da Spanien von der Natur so reich gesegnet ist,
dafs die meisten Rohstoffe im Lande selbst erzeugt werden; freilich
bisher noch nicht in der nötigen Menge, und deshalb empfiehlt es
sich, der Einfuhr von italienischer Rohseide, Flachs, Hanf, Baumwolle, Farbwaren, unedlen Metallen, Holz und noch einiger anderer
der Fabrikation dienender Rohstoffe nicht durch hohe Zollauflagen
entgegenzuwirken. Die meisten der genannten Stoffe könnten zwar im
Inlande produziert werden, und diesen mag man die Einfuhr vom
Auslande her nur so lange erleichtern, bis die inländische Produktion
sich genügend gehoben hat, um den einheimischen Bedarf selbst zu
decken. Die Ausfuhr der genannten Rohstoffe dagegen wünscht
Uztariz [5]) durch hohe Exportzölle zu erschweren oder durch Ausfuhrverbote völlig unmöglich zu machen. Denn es ist die Aufgabe, dahin

---

[1]) Vergl. auch Ulloa I, Kap. IX.
[2]) S. a. a. O. Kap. 92.
[3]) S. a. a. O. Kap. 93.
[4]) S. a. a. O. Kap. 91.
[5]) S. a. a. O. Kap. 88 u. 89.

zu wirken, dafs jene Stoffe im Lande selbst zur Verarbeitung
gelangen und die Industrie auf diese Weise gehoben werde. Nur
hierdurch vermag man die grofsen Gewinne der Ausländer zu schmälern,
die sie bisher durch den Verkauf der aus dem spanischen Material
angefertigten Waren zum Nachteil der Spanier gezogen haben.
Uztariz empfiehlt deshalb die in dieser Richtung von den früheren
Königen erlassenen Verordnungen und Gesetze zur strikten Durchführung. Nur den feineren Wollsorten möge man die Ausfuhr gestatten, da zu ihrer Verarbeituug in Spanien die erforderlichen
Fabriken nicht vorhanden sind, ein Ausfuhrverbot daher nur geeignet ist, die Interessen der spanischen Herdenbesitzer zu schädigen.
Viel weitergehende Forderungen stellt Ulloa[1]). Er verlangt,
dafs die Rohstoffe, gleichviel ob sie spanischen oder fremden Ursprungs seien, von allen Steuern, von den Aduanas sowohl als den
Alcavalas und Cientos, befreit werden, da nur unter dieser Bedingung
eine billige Fabrikation und eine erfolgreiche Konkurrenz mit dem
Auslande zu ermöglichen sei. Eine Verminderung der Staatseinnahmen befürchtet er von dieser Mafsregel nicht, da die zunehmende
Wohlhabenheit des Volkes, welche mit dem Wachstum der Industrie
gleichen Schritt halte, jenen Steuerausfall mehr als decken werde.

Die letztgenannten Vorschläge unserer Autoren führen uns mit
ihrer Betonung des Zusammenhangs von Landwirtschaft und Industrie auf dasjenige Gebiet hinüber, welches wir nunmehr zu betrachten haben werden. Steigerung der inländischen Rohproduktion
und möglichste Nutzbarmachung derselben für die unmittelbare
Konsumtion sowohl wie für die industrielle Verarbeitung, ohne einer
Ausfuhr der Rohstoffe prinzipiell entgegenzutreten, — dies waren die
Grundsätze, von denen Uztariz und Ulloa bei ihren auf die Hebung
der Gewerbe der Urproduktion gerichteten Bestrebungen sich leiten
liefsen. Wenn wir dabei einer Fülle durchgreifender Reformvorschläge zur unmittelbaren Steigerung der landwirtschaftlichen Produktion nicht begegnet sind, so ist ein sehr natürlicher Erklärungs-
grund für diese Erscheinung in der Thatsache zu suchen, dafs die
Landwirtschaft Spaniens, wenn sie auch immerhin in bedrängter
Lage sich befand, so doch, dank der natürlichen Ergiebigkeit des
Bodens, bei weitem nicht derartig trostlose Zustände aufzuweisen
hatte wie die Industrie[2]), sie vielmehr noch kräftig genug war, um
das Ausland mit den zur Fabrikation erforderlichen Rohstoffen zu

[1]) S. a. a. O. I, Kap. IV, 42 u. 43.
[2]) S. Ulloa a. a. O. I, Kap. II, 23.

versehen. Es mufste daher das nächste Bestreben unserer beiden Wirtschaftspolitiker sein, die landwirtschaftliche Produktion der heimischen Industrie dienstbar zu machen, um auf solche Weise zur Kräftigung der letzteren beizutragen.

Im folgenden werden wir nun die weiteren Mittel kennen lernen, welche Uztariz wie Ulloa zur Erreichung dieses letztgenannten Zieles in Vorschlag bringen. Einer der Hauptübelstände, unter denen die spanische Industrie zu leiden hatte, war, wie wir dies schon früher hervorgehoben haben, der Mangel an Unternehmern und tüchtigen Handwerkern mit dem nötigen Kapital. Die Erkenntnis dieser Mifs-stände blieb auch der Regierung nicht verschlossen, und die Ver-ordnungen, welche Philipp V. im Jahre 1718 an die Intendanten der Provinzen erliefs, zeigen, dafs man sich die Abstellung derselben nach Kräften angelegen sein liefs. In einem Erlasse [1]) wird gesagt, dafs, wenn es in der betreffenden Provinz an Unternehmern und Kapitalkräften mangele, und auch die Vereinigung zu Assoziationen sowie gewisse staatliche Subventionierungen dem Übel nicht abhelfen könnten, die Intendanten Sorge tragen möchten, dafs aus anderen Provinzen oder auch vom Auslande her Kräfte herangezogen und junge Leute in die fremden Industriebezirke gesandt werden, um dort die Fabrikation kennen zu lernen. Ein anderer Erlafs [2]) befiehlt den Intendanten, denjenigen Fremden, welche sich als Handwerks-meister in irgend einer Stadt etablieren wollen, die städtischen Accisen und sonstige Kommunallasten zu erlassen. Uztariz hält diese Mafsnahmen für sehr zweckmäfsig. Die Befürchtungen einiger Autoren, es könne durch die Heranziehung ausländischer Katholiken die Reinheit der Kirche Spaniens getrübt werden, vermag er nicht zu teilen [3]). Allein solchen Fremden solle man die Niederlassung untersagen, welche nur die Absicht haben, sich an öffentlichen Unter-nehmungen zu beteiligen, oder die als Steuerpächter auftreten, da sie ja doch dem Lande wieder den Rücken kehren würden, sobald sie die erhofften Reichtümer erworben hätten. Allerdings verböten es die Friedensverträge, die Kaufleute des Auslandes vom Handel mit Spanien auszuschliefsen. Man müsse deshalb wenigstens darauf bedacht sein, dafs dieselben sich dauernd in Spanien ansiedeln.

In dem letztcitierten Erlasse Philipps V. war unter anderem

---

[1]) Vom 4. Juli 1718, Art. 43. Vergl. auch die Verordnung vom 4. Dezbr. 1705; s. Novissima Recop. Buch VIII tit. 24 Ges. 3.

[2]) Vom 12. Dezbr. 1718.

[3]) S. a. a. O. Kap. 34.

auch von pekuniären Unterstützungen die Rede, welche den Industriellen geeigneten Falls zur Förderung ihrer Unternehmungen gewährt werden sollten. Es ist dabei vorzugsweise auf die Zahlung von Prämien abgesehen. Uztariz spricht sich an einer Stelle seines Werkes eingehender über diesen Gegenstand aus. Seine Ausführungen sind nicht ohne Interesse und verdienen wohl ausführlicher wiedergegeben zu werden. Eines der wirksamsten Mittel zur Hebung von Handel und Industrie, so sagt er[1]), ist die Fürsorge eines Fürsten, der Belohnungen und Ehrenbezeigungen solchen Personen zu teil werden läfst, die durch ihre Erfindungen und verbesserten Fabrikationsmethoden der Industrie und damit dem Gesamtwohl des Landes den gröfsten Nutzen erweisen. Sehr gebräuchlich und vorteilhaft ist die Zahlung jährlicher Pensionen und die Gewährung von Abgabenerleichterungen an tüchtige Handwerksmeister, welche ihre im Auslande erworbenen Kenntnisse und Fertigkeiten der heimischen Industrie dienstbar machen. Doch ist darauf zu halten, dafs dieselben den kontraktlichen Verpflichtungen nachkommen, bis zum bestimmten Termin die ausbedungene Anzahl Fabriken eingerichtet haben und sie vor allem die Gelder, welche ihnen blofs vorgeschossen sind, pünktlich zurückzahlen, ohne dafs es deshalb ausgeschlossen sein sollte, besonders befähigten und thätigen Unternehmern die Rückzahlung teilweise oder auch gänzlich zu erlassen.

Häufig pflegt man auch, fährt Uztariz fort, ausschliefsliche Privilegien in der Weise zu erteilen, dafs bestimmten Personen für eine gewisse Anzahl von Jahren die alleinige Einfuhr und Fabrikation gewisser Waren zugestanden wird. Uztariz ermahnt nun, in der Erteilung solcher Privilegien sehr vorsichtig zu sein. Selbst in denjenigen Fällen, wo aus unabweisbaren Gründen dieselbe erforderlich erscheine, um zu günstigen Resultaten zu gelangen, mag man sie einschränken und sorgfältig über ihre Ausnutzung wachen, damit sie nicht zu Monopolen werden, die den Besitzern derselben in demselben Mafse nützen, wie sie dem Publikum schaden. Jedenfalls sollte man nur in denjenigen Fällen Privilegien und sonstige Vergünstigungen erteilen, wo wirklich neue und eigenartige Leistungen vorliegen[2]), nicht aber schon dann, wenn etwa eine Fabrik

---

[1]) S. Kap. 98.
[2]) Uztariz billigt es daher durchaus, dafs Philipp V. einem Grofsindustriellen, namens Don Juan de Goyeneche, der u. a. die Glasfabrikation in Spanien einführte, durch Verordnungen vom 23. Okt. 1718, vom 14. Febr. 1719 und vom 30. Jan. 1720, weitgehende Privilegien gewährt. Die Städte Olmeda und Nueva

sich blofs durch die vorzügliche Qualität ihrer Waren ausgezeichnet, denn die Erteilung von Privilegien auch in solchen Fällen würde nur eine Schädigung derjenigen Fabriken in sich schliefsen, die minder gute Qualitäten liefern. Ausdrücklich hebt Uztariz hervor, dafs er es für durchaus unpolitisch und unklug hält, ohne die zwingendsten Ursachen einigen Privatunternehmern Vergünstigungen zu gewähren, welche anderen nicht zu teil werden. Aus diesem Grunde hat er bei allen seinen Reformvorschlägen mit besonderer Sorgfalt darauf Bedacht genommen, jeden Spanier in gleicher Weise an den Wohlthaten derselben teilhaben zu lassen. Immerhin aber hält er jene Privilegienerteilung noch für weit vorteilhafter als den Staatsbetrieb, denn dieser ist mit beständigen Verlusten verknüpft, — eine natürliche Folge des Umstandes, dafs die leitenden Persönlichkeiten meistens nicht fachmännisch gebildet sind und sie das Unternehmen nicht auf eigne Rechnung und Gefahr betreiben. Thatsache ist, meint Uztariz, dafs die staatlicherseits betriebenen Fabrikunternehmungen mit grofsen Schwierigkeiten zu kämpfen haben, mit bedeutenden Unkosten arbeiten und es bei alledem selten zu hervorragenden Leistungen bringen, am wenigsten in gröfseren Staaten, wo der Regierung so viele anderweitige Sorgen obliegen, dafs es ihr unmöglich ist, mit der erforderlichen Beharrlichkeit und Kraft derartige Spezialinteressen wirksam zu vertreten. Solche Nachteile treten aber bei Privatunternehmern nicht zu Tage, die besser die Konjunkturen zu benutzen verstehen, ohne sich auf den zweifelhaften Nutzen fremder Hilfe zu verlassen.

Wir finden in den vorstehenden Ausführungen des Uztariz dieselbe Abneigung gegen Monopole, dieselbe Vorsicht in der Bewilligung von Privilegien und dieselbe Lobpreisung der freien Konkurrenz, wie sie uns schon bei Besprechung seiner den Handel betreffenden Vorschläge entgegengetreten sind, — gewifs eine beachtenswerte

Baztán, in denen Goyeneche seine Fabriken hatte, sollen 30 Jahre lang von allen neuen Steuerauflagen befreit bleiben, seine Arbeiter durch ihre Stellung nicht behindert sein, zu allen den Staatsämtern zu gelangen, welche die Labradores (Landleute) bekleiden dürfen. Von den Fabrikaten des Goyeneche sollen 30 Jahre lang keine Alcavalas, Cientos u. a. Steuern erhoben werden. Alle Waren, die zur Verarbeitung in jene Fabriken gelangen, brauchen keine Einfuhrzölle zu zahlen. Ähnliche Vergünstigungen wurden durch die Verordnung Philipps V. vom 14. Juli 1722 der Stadt Valladolid zu teil, welche sich die Aufstellung neuer Webstühle angelegen sein liefs, ebenso mehreren Tuchfabriken in Madrid, Guadalaxara u. s. w. (s. Uztariz a. a. O. Kap. 62- 64).

Thatsache, wenn wir bedenken, dafs wir einen ausgeprägten Merkantilisten, einen unbedingten Anhänger Colberts vor uns haben, und die Zeit, in der er schrieb, das System des Physiokratismus noch nicht kannte.

Nicht die Privilegierung einzelner zum Schaden der Gesamtheit, sondern die Erhöhung der Leistungsfähigkeit der Industrie als solcher ist das Ziel, welchem Uztariz mit seinen Reformvorschlägen näher kommen will. Diesem Grundsatze entspricht es, wenn er die Errichtung von Akademieen nach dem Muster der in Frankreich und Italien bestehenden anempfiehlt, in denen Theorie und Praxis sich vereinigen sollen, um Leute auszubilden, die es verstehen, die Erfindungen des Auslandes für die einheimische Industrie auszunutzen, sowie um selbständige Erfindungen und Entdekungen möglich zu machen[1]), und wenn er weiterhin, als Ergänzung zu diesen Vorschlägen, die Einfuhr von ausländischen Maschinen und Werkzeugen aller Art möglichst erleichtert wissen will, was schon der Umstand durchaus berechtigt erscheinen lasse, dafs das Ausland den Export seiner Maschinen mit den schwersten Strafen, England ihn sogar mit dem Tode bedrohe[2]).

Während Uztariz in dieser Weise auf die unmittelbare Steigerung der industriellen Produktion in quantitativer und qualitativer Hinsicht ein Hauptgewicht legt, beschäftigt sich Ulloa besonders mit der Abstellung der Schäden, unter denen die Industrie seiner Zeit zu leiden hat. Zu diesen gehören vor allem die teuren Lebensmittelpreise, welche einerseits die schon früher erwähnte schlechte Beschaffenheit der Transport- und Kommunikationsmittel und die ungenügende Verbindung zwischen den verschiedenen Provinzen, anderseits die hohen Abgaben auf Konsumtibilien zum Grunde haben. Zwar hatte schon im Jahre 1718 eine Verordnung Philipps V. die Regulierung der Flüsse, die Verbesserung und Neuanlage von Wegen, Brücken, Häfen u. s. w. angeordnet[3]), und ein Edikt vom Jahre 1719 befreite gewisse Lebensmittel von der Madrider Accise[4]),

---

[1]) S. a. a. O. Kap 107 S. 411 f. Im Jahre 1738 wurde die Königl. Akademie der Geschichte zu Madrid ins Leben gerufen. Vergl. Novissima Recopilacion de las leyes de España, Buch VIII tit. 20 Ges. 2. Im Jahre 1757 gründete Ferdinand VI. die Akademie der 3 schönen Künste zu Madrid. Vergl. Novissima Recop., Buch VIII tit. 22.

[2]) S. a. a. O. Kap. 71 S. 299 f.

[3]) Sie ist bei Uztariz (a. a. O. Kap. 49) mitgeteilt.

[4]) S. Uztariz a. a. O. Kap. 5.

während ein anderes vom Jahre 1717 die Verbrauchssteuer auf
Fische in ganz Spanien aufhob [1]. Ulloa hält jedoch die Befreiung
der Lebensmittel von der Verbrauchssteuer bei weitem noch nicht
für genügend durchgeführt, da die bisherigen Mafsnahmen zu diesem
Zweck nur sehr geringe Erfolge aufzuweisen hätten [2]. Er schlägt
deshalb vor, dafs gewöhnliche Lebensmittel, wie Wein, Fleisch, Öl,
Essig u. s. w., weder städtische Abgaben noch die Almojarifazgos,
sondern nur die Alcavalas, Cientos und Millones bezahlen sollten,
was, sobald nur die Geistlichkeit ebenfalls zur Zahlung dieser Steuern
herangezogen werde, die Einnahmen der Staatskasse nicht vermindern
könne. Nach den Lebensmittelpreisen richten sich stets die Arbeitslöhne, deren ungebührliche Höhe die Spanier bisher verhindert habe,
die Waren so billig wie das Ausland zu liefern, welches daher in
der internationalen Konkurrenz die Oberhand behalten müsse [3].

Jene zahlreichen Abgaben riefen aber nicht allein indirekt
durch die Steigerung der Arbeitslöhne, sondern auch unmittelbar
durch ihre Belastung aller kaufmännischen Geschäfte eine Verteuerung der Produktion hervor, wie wir dies schon im 2. Abschnitt
zu betonen Gelegenheit hatten. Bereits hatte unter Philipp V. ein
teilweiser Erlafs der Alcavalas und Cientos für den erstmaligen Verkauf einer Ware stattgefunden; Uztariz wünscht nun diese Mafsregel noch erweitert zu sehen auf alle Fabrikate, die dem allgemeinen Gebrauche dienen [4]. Ulloa geht in ähnlicher Richtung vor.
Er empfiehlt [5], von allen Waren spanischen Ursprungs die Alcavalas
und Cientos nur beim Detailverkauf zu erheben. Aber auch dann
sollte die Erhebung nicht einzeln stattfinden, sondern jede Zunft-
genossenschaft möge für alle sonst von den einzelnen Gewerbe-
treibenden zu zahlenden Abgaben durch ein Pauschquantum sich
abfinden, wodurch die Gewerbe von den fortwährenden Belästigungen
durch die Steuerpächter befreit würden [6].

Betrachten wir nunmehr noch einige andere gesetzgeberische
Mafsnahmen, welche Uztariz für geeignet hält, der daniederliegenden
Industrie wieder aufzuhelfen.

Der alten Überlieferung getreu hatte auch Philipp V. Gesetze

---

[1] S. Uztariz a. a. O. Kap. 52.
[2] S. a. a. O. I, Kap. IV, 40.
[3] S. a. a. O. I, Kap. IX; vergl. auch Uztariz a. a. O. Kap. 96 S. 320 f.
[4] S. a. a. O. Kap. 96.
[5] S. a. a. O. I, Kap. IV, 40 u. 41.
[6] S. a. a. O. I, Kap. XVI, 125 u. 126.

gegen den Aufwand und Luxus erlassen[1]), sowie die schon bestehenden erneuert und mit Ergänzungen versehen. Uztariz schliefst sich diesen Bestrebungen an, ohne dafs die bisherige Nutzlosigkeit derselben in ihm irgendwelche Bedenken dagegen wachzurufen vermag. Begreiflicher finden wir es, wenn er die unter Philipp V. erlassene Bestimmung billigt, nach der die Armeebedürfnisse nur durch Waren spanischen Ursprungs bestritten werden sollen[2]). Die Roheisenproduktion begünstige die Anlage von Waffen- und Munitionsfabriken, welche bei einiger Leistungsfähigkeit nicht nur die bisherige dominierende Stellung Hollands im Handel mit jenen Kriegsartikeln beseitigen, sondern auch die Sicherheit des eignen Landes erhöhen würden[3]).

In bezug auf die Herstellung von Papier und Drucksachen war Spanien schon seit lange der Hauptsache nach auf das Ausland angewiesen. Selbst die Landesbehörden bezogen ihre Papiere fast ausschliefslich aus Genua, während die Mehrzahl der spanischen Bücher in den Niederlanden gedruckt wurde. Bereits Philipp II. hatte den im Auslande gedruckten Büchern, sofern sie nicht in fremden Sprachen oder von Ausländern verfafst waren, den Eintritt in Spanien untersagt[4]), ohne dafs jedoch diesem Verbot Folge geleistet worden wäre. Uztariz empfiehlt deshalb die energische Durchführung jener Gesetzesbestimmung nebst einer hohen Belastung der ausländischen Papiersorten.

Wie jene Verordnung über die Einfuhr von Büchern, waren auch viele andere im Laufe der letzten Jahrhunderte erlassene Gesetze niemals in Kraft getreten, meist deshalb, weil dieselben mit ihren Ein- und Ausfuhrverboten, Zollerhöhungen, behördlichen Beaufsichtigungen u. s. w. nicht selten Unmögliches verlangten und auch die ausführenden Organe fehlten. Trotzdem dringt Uztariz auf ihre praktische Anwendung, wenn er dabei allerdings auch eine gewisse Vorsicht anempfiehlt; denn wenn es auch der Regierung völlig freistehe, Ein- und Ausfuhrverbote zu erlassen und ganz nach ihrem Belieben Zollschranken aufzurichten, so müsse man es doch vermeiden, die anderen Nationen gegen sich aufzuhetzen, was

---

[1]) Vergl. die Verordnung vom 4. Juli 1718, Art. 57, und vom 15. November 1723 bei Uztariz a. a. O. Kap. 48 u. 61.
[2]) S. Uztariz a. a. O. Kap. 50 u. 51.
[3]) S. a. a. O. Kap. 37.
[4]) Vergl. Las leyes de Recopilacion, lib. 1 tit. 7 Ges. 24 u. 32 v. Jahre 1558.

dadurch geschehe dafs man alles rücksichtslos in den Dienst des Selbstinteresses stelle [1]).

Während somit die Höhe der Importzölle auf fremde Fabrikate nur an der gebührenden Rücksichtnahme auf die Gesinnungen der fremden Staaten ihre Grenze findet, ist nach Uztariz [2]) der Export der heimischen Waren in jeder Hinsicht zu begünstigen, und sind deshalb die betreffenden Zölle so niedrig als möglich anzusetzen. Alle Erzeugnisse der Textilindustrie, selbst wenn sie mit Gold- oder Silberfäden durchwebt sind, sowie alle Metall-, Glas-, Papier- und Galanteriewaren, Kunstgegenstände, kurz alle Fabrikate mit alleiniger Ausnahme der Maschinen und der massiven Gold- und Silberwaren, sollten einen Ausfuhrzoll von höchstens $2\frac{1}{2}$ % vom Nettowerte zahlen. Selbst dieser Zoll müfste den nach den spanischen Kolonieen gehenden Waren erlassen werden, da die Schiffssteuer an seine Stelle trete. Einen Ausfall in der Staatskasse befürchtet Uztariz von dieser Mafsnahme nicht, da nach Einführung der von ihm vorgeschlagenen Reformen mit der gesamten wirtschaftlichen Thätigkeit des Landes auch die Steuer- und Zollerträge entprechend zunehmen werden.

Wir schliefsen hiermit unsere Übersicht über einige der bemerkenswertesten, auf die Industrie bezüglichen Anschauungen und Reformvorschläge unserer beiden Merkantilisten. Sie gipfelten zum Teil in einer Abänderung der bestehenden Zoll- und Steuerverhältnisse, ohne jedoch damit eine Modifikation des Abgabensystems als solchen beabsichtigen zu wollen. Vielmehr hielten sich Uztariz wie Ulloa durchaus an die vorhandenen Steuerarten und wünschten nur Herabminderungen, Erhöhungen oder gänzliche Beseitigung derselben da, wo das Gedeihen der Industrie sie zu fordern schien. Dagegen war die Regierung selbst mit tiefgreifenden Veränderungen im Steuersystem vorgegangen, und die Energie, mit welcher diese bedeutsamen Reformen in dem kurzen Zeitraume von wenigen Jahren zur Durchführung gebracht wurden, verraten die klare und zielbewufste Wirtschaftspolitik des Kardinals Alberoni, der gerade damals als spanischer Minister eine unumschränkte Macht ausübte.

Schon zur Zeit Karls V. hatten sich die schädlichen Folgen der Absperrung der einzelnen Provinzen Spaniens durch Zolllinien, wo wie an den Landesgrenzen die Aduanas erhoben wurden, recht bemerk-

---

[1]) S. a. a. O. Kap. 82 S. 251 und Kap. 83.
[2]) S. a. a. O. Kap. 90.

IV. 2.

bar gemacht. Der Verkehr der Provinzen untereinander war erschwert, infolgedessen auch die Landwirtschaft, wie wir bereits hervorhoben, in arge Bedrängnis geraten. Trotzdem wagten es die späteren Herrscher nicht, durchgreifende Erleichterungen nach dieser Richtung eintreten zu lassen, aus Furcht, hierdurch die ohnehin schon sehr ungünstige finanzielle Lage des Staates noch zu verschlechtern. Erst unter Philipp V. fand man den Mut, die Umgestaltung des Steuersystems energisch in Angriff zu nehmen [1]. Die Zolllinien im Innern Spaniens wurden, wenigstens zum gröfsten Teil, aufgehoben, und nur noch an den Landesgrenzen und in den Häfen die Aduanas entrichtet. Leider unterliefs man es, diese Mafsregel auch in Navarra und Kantabrien, sowie in Andalusien zur Durchführung zu bringen. Uztariz sowohl als Ulloa beklagen dies [2] in bezug auf Andalusien besonders deshalb, weil der bedeutendste Export Spaniens, namentlich der nach Indien, über Cadix ging, und gerade hier die Waren einer unangemessen hohen Besteuerung unterlagen, was die Konkurrenz mit dem Auslande erschwerte. Durch die erwähnten Veränderungen wurde diesem Übelstande keine Abhilfe zu Teil. Beide fordern denn auch die Ausdehnung der obigen Bestimmungen auf Andalusien.

Ein weiterer Fortschritt war es, dafs auch die Geistlichkeit, die es bisher, allen gesetzlichen Bestimmungen entgegen, nicht selten durchzusetzen gewufst hatte, die Zahlung der Aduanas zu verweigern, in einer Verordnung vom 5. April 1721 [3] zur Entrichtung der Generalrenten gezwungen wurde, während sie von der Zahlung der Provinzialrenten von jeher gröfstenteils befreit war.

Der Verwaltungsapparat dieser letzteren hatte im Laufe der Zeit grofse Mängel gezeigt. Die Provinzialrenten wurden bekanntlich nur im Königreich Kastilien erhoben, und zwar durch Privatunternehmer, welchen die Steuererhebung vom Staate gegen Pacht übertragen war. Nicht nur in jeder Provinz, sondern selbst in jedem Orte gab es mehrere Pächter, indem für gewöhnlich jede einzelne Steuer getrennt vergeben wurde. Dieses Verfahren kürzte ohne

---

[1] Vergl. die Verordnungen Philipp V. vom 31. Aug. 1716, vom 21 Dezbr. 1717 u. andere, bei Uztariz a. a. O. Kap. 55. Diese, sowie die anderen von uns citierten Verordnungen betreffs der Zoll- und Steuerfragen finden sich auch bei Fernandez a. a. O. abgedruckt.

[2] S. Uztariz a. a. O. Kap. 55 S. 139 f. und Ulloa a. a. O. I, Kap. VII, 57 und VIII, 62.

[3] Sie ist bei Uztariz a. a. O. Kap. 56 mitgeteilt.

Zweck den dem Staate zufliefsenden Reinertrag, und setzte auch
die Unterthanen den ärgsten Bedrückungen seitens der Steuerpächter aus[1]. Es war deshalb von grofser Bedeutung, dafs die
Regierung beschlofs, wenigstens in den einzelnen Ortschaften nur
noch einen einzigen Pächter zu dulden; es wurden infolgedessen alle
Provinzialsteuern einem Unternehmer in Generalpacht gegeben, der
dann wieder Unterpächter einsetzte, welche jedoch die verschiedenen
Steuerarten zusammen zu erheben hatten[2]).

Auch die Verwaltung der Generalrenten erfuhr eine tiefgreifende
Abänderung[3]). Auch sie waren bisher verpachtet worden, die Regierung hatte jedoch hier ebenfalls trübe Erfahrungen gemacht.
Nicht selten wufsten die Steuerpächter, um gröfsere Erträge zu
erzielen, die Kaufleute und besonders die ausländischen Handelskompanieen zu bewegen, die Waren ausschliefslich durch ihren Be-
zirk aus- und einzuführen, wofür die Pächter ihrerseits den Kaufleuten niedrigere Zollsätze zugestanden, als die Bestimmungen
vorschrieben. Die Vorteile waren für die Steuerpächter naturgemäfs
sehr bedeutend; so kam es denn häufig vor, dafs sich dieselben den
Händlern gegenüber in Vergünstigungen in bezug auf die Zollsätze
gegenseitig zu überbieten suchten, bisweilen sogar machten die
Pächter infolgedessen bankrott, wodurch dann auch die Staatskasse
stark in Mitleidenschaft gezogen wurde. Zur Vermeidung solcher
und ähnlicher Unzuträglichkeiten wurde die Verwaltung der Generalrenten einem Madrider Direktorium übergeben; da aber auch diese
Mafsnahme nicht den gewünschten Erfolg hatte, so wurde das Ver-
pachtungssystem gänzlich aufgehoben und der Gobernador del Consejo de Hacienda mit der Verwaltung der Generalrenten betraut.
Uztariz erklärt sich hiermit völlig einverstanden. Er hofft, dafs
nunmehr nicht allein der Ertrag der Steuern bedeutend anwachsen,
sondern auch das Volk erleichtert aufatmen werde, welches nun
nicht mehr unter der Rücksichtslosigkeit einer Anzahl Steuerpächter
zu leiden habe. Zwar blieb, wenn auch in veränderter Form, für
die Provinzialsteuern die Verpachtung fortbestehen. Ulloa wünscht
deshalb, um auch hier etwaigen Veruntreuungen ein Ende zu machen,
dafs ihre Verwaltung ebenfalls vom Staate übernommen werde[4]).

---

[1]) S. Uztariz a. a. O. Kap. 58.
[2]) S. Uztariz a. a. O. Kap. 57.
[3]) Vergl. die Verordnungen vom 8. Dezember 1714, Uztariz a. a. O.
Kap. 59 u. 80.
[4]) S. Ulloa a. a. O. I, Kap. XVI, 132.

6*

In demselben Jahre, in welchem die Beseitigung der inneren
Zolllinien des Landes eine Modifikation der Generalrenten herbei-
führte, geschah dies auch noch durch die Abschaffung des Staats-
monopols für die Fabrikation und den Verkauf von Spirituosen [1]).
Dieselbe wurde damit motiviert, dafs das Branntweinmonopol dem
Staat wenig einbringe im Vergleich zu dem Schaden, den die Wein-
bauern und Händler oft dadurch erlitten, dafs sie den Wein nicht
nach ihrem Gutdünken verwenden könnten. Es wurde deshalb die
Fabrikation und der Verkauf von Spirituosen freigegeben und nur
ein Ein- und Ausgangszoll, dagegen keine Alcavalas, Cientos u. s. w.
von denselben erhoben. Uztariz hält die Vorteile dieser Mafsnahmen für sehr bedeutende. Früher, so sagt er [2]), waren die Wein-
bauern nach guten Ernten aufser stande, allen Wein zu verkaufen,
und da sie ihn nicht zu Branntwein verarbeiten durften, so verdarb
er. Jetzt wird ihnen in dieser Beziehung freie Hand gelassen, und
werden sie die Verarbeitung des Weines zu Branntwein um so eher
vorziehen, als beim letzteren, wegen seines gröfseren Wertes, die
Transportkosten relativ geringer sind. Freilich liegt die Gefahr
vor, dafs sich nunmehr der Konsum des Branntweins vermehrt, was
allerdings bei dem warmen Klima Spaniens besonders schädlich sein
würde. Doch könnte man den Import und den Verkauf der besonders
gesundheitsschädlichen Liköre verbieten, die Schankstellen hoch be-
steuern, um dadurch ihrer Vermehrung entgegenzuwirken, und den Einfuhrzoll auf Branntwein möglichst erhöhen, namentlich in Madrid, wo
übrigens seine Fabrikation verboten ist. Um zu vermeiden, dafs
der Branntwein im Einzelverkauf zu billig wird, hält es Uztariz für
angemessen, denselben mit einer Steuer zu belegen, den Engros-
verkauf, zu gunsten der Grundbesitzer, dagegen nach wie vor frei
zu lassen.

Als im Jahre 1740 Ulloa seine Schrift herausgab, war man
wieder zu dem früheren Monopol zurückgekehrt. Ulloa betrachtet
diesen Schritt als sehr unpolitisch [3]). Zwar sei in Spanien der
Branntwein kein notwendiges Lebensmittel und höchstens in der
Medizin unentbehrlich. Doch verdiene er eine besondere Beachtung.
nicht allein als ein Hauptartikel des Landhandels, sondern auch
deshalb, weil seine Fabrikation den Weinbau zu heben im stande

---

[1]) Vergl. die Verordnungen vom 11. September und 7. November 1717 und
vom 31. August 1720. S. Uztariz a. a. O. Kap. 52–54.

[2]) S. a. a. O. Kap. 53.

[3]) S. a. a. O. I, Kap. XV, 122—124.

sei, und zwar aus Gründen, die bereits Uztariz vertreten hatte. Solange das Monopol herrsche, sei aber an eine Ausnutzung jener Vorteile nicht zu denken, die Wiedereinführung desselben daher nur zu
beklagen.

Während so Uztariz wie Ulloa das Branntweinmonopol be-
kämpfen, hat ersterer gegen das bestehende Tabaksmonopol nichts
einzuwenden [1]. Der Tabak sei die sicherste und einträglichste Ein-
nahmequelle des Königs, und die im Monopol erhobene Steuer hält
Uztariz für um so zweckmäfsiger, als das Volk durch sie nicht be-
drückt werde, da der Tabak ein Luxusartikel sei, dessen Konsum
schon fast allzusehr um sich gegriffen habe. Im Interesse der Staatseinnahmen wünscht jedoch Uztariz, dafs man dem Anbau des Tabaks
auf Cuba, sowie dem Handel mit demselben nach dem Auslande
gröfsere Aufmerksamkeit zuwenden möchte.

Überblicken wir die von unseren Autoren über die Zoll- und
Steuerreformen geäufserten Ansichten, so sehen wir auch hier die bereits früher beobachtete Thatsache bestätigt, dafs beide in erster Linie
für die Beseitigung aller derjenigen Einrichtungen eintreten, welche
den ungehinderten Verkehr und die freie Konkurrenz der Gewerbe-
treibenden im Inland beeinträchtigen könnten, denn hierin vor allem
erblicken sie die notwendige Vorbedingung für die allseitige Ausnutzung der wirtschaftlichen Kräfte des Landes. Zu wiederholten
Malen betonen sie, dafs die natürliche Beschaffenheit ihres Vaterlandes ganz danach angethan sei, eine hohe Kultur zu tragen, indem nicht nur der Boden Spaniens einer der ergiebigsten und frucht-
barsten Europas, sondern auch seine Bewohner nach Geistesrichtung
und Charakter für die gewerbliche Thätigkeit geeignet seien.

Beim Beginne des vorigen Jahrhunderts, wo allerdings die Bevölkerung Spaniens, wie wir in einem früheren Abschnitt gesehen, bedeutend
zusammengeschmolzen war, mufs die Ansicht, Spanien sei schon wegen
seiner geringen Bevölkerung nicht im stande, den einstigen Grad der
wirtschaftlichen Kultur wieder zu erlangen, allgemein verbreitet gewesen sein. Hierfür spricht wenigstens die Entschiedenheit, mit
welcher Uztariz wie Ulloa gegen eine solche Behauptung Front
machen [2]. Beide weisen darauf hin, dafs nicht die geringe Bevölkerung das Daniederliegen der Industrie verschuldet habe, sondern
umgekehrt die Entvölkerung Spaniens eine Folge des gesunkenen
Wohlstandes sei und deshalb mit der Hebung der Industrie auch

---

[1] S. a. a. O. Kap. 103.
[2] S. Uztariz a. a. O. Kap. 11 und Ulloa a. a. O. I, Kap. II, 22, 23.

die Zahl der Bewohner wieder steigen werde. Wenn die Landwirtschaft und die Viehzucht relativ viel Personen beschäftige, so
sei dies lediglich dem Umstande zuzuschreiben, dafs diese Gewerbe
noch nicht so daniederliegen wie Industrie und Handel. So sei die
Zahl der Hirten in Spanien eine sehr bedeutende, obwohl der Be-
ruf dieser Leute, die allen schädlichen Einflüssen der Witterung ausgesetzt seien und jede Bequemlichkeit des Lebens entbehren müfsten,
bei weitem nicht so angenehm als der eines Handwerkers, Webers
u. dergl. Es sei daher unzweifelhaft, dafs, sobald Handel und Industrie wieder zur Blüte gelangten, infolgedessen fremde Arbeiter in
gröfserer Menge herangezogen würden und der Andrang zu den
Klöstern aufhöre, auch die Bevölkerung Spaniens wieder zunehmen
werde. Wenn einige nordische Länder, sagt Ulloa [1]), namentlich
England und Holland, eine bedeutende Volksdichtigkeit aufweisen,
so ist dies nur eine Folge ihrer blühenden Industrie und ihres
entwickelten Handels, welche ihrerseits wieder dem grofsen Waren-
absatz hauptsächlich nach Spanien und Amerika zuzuschreiben
sind. Deshalb hat denn auch die Entvölkerung dieser Länder
nur zu gunsten jener Staaten stattgefunden, die mit ihrer blühenden
Industrie diejenigen der Spanier vernichtet und diese ihrer Sub-
sistenzmittel beraubt haben. Der einzige Weg zur Abhilfe ist
daher nur darin zu erblicken, dafs Spanien die Arbeit selbst
verrichte, welche das Ausland an seiner Statt bisher geleistet
habe. Uztariz wie Ulloa hoffen, dafs mit der Hebung der wirtschaftlichen Kultur des Landes die Zunahme der Bevölkerung
Hand in Hand gehe, und wenn sie auch der Anwendung der zahlreichen Mittel, durch welche, wie wir sahen, in früheren Jahrhunderten die spanische Regierung auf direktem Wege eine Volks-
vermehrung anstrebte, vielleicht um so weniger entgegentreten würden,
als auch Colbert in Frankreich sich derselben bedient hatte, so
heben sie dieselben wenigstens nicht ausdrücklich hervor und bleiben
dem u. a. schon gelegentlich der Geldausfuhrfrage befolgten Grundsatze treu, einer natürlichen Hebung des spanischen Wohlstandes
vor der künstlichen den Vorzug zu geben.

Wir sind hiermit am Schlufs unserer Darstellung angelangt. Die
wirtschaftspolitischen Reformvorschläge von Uztariz und Ulloa, deren
Behandlung uns in erster Linie deshalb interessierte, weil aus ihnen

---

[1]) S. a. a. O. 11, Kap. XXII, 166.

die theoretischen Anschauungen der beiden Merkantilisten sich er-
gaben, fielen in eine für ihre praktische Durchführung nicht ungünstige Zeit. Bereits hatten die unter Alberoni eingeführten
Neuerungen nicht wenig dazu beigetragen, die Wunden zur Heilung
zu bringen, welche ein dreizehnjähriger Erbfolgekrieg dem Lande
geschlagen. Für die Finanzlage des Staates war die Reorganisation
der Steuern von günstigem Einflufs gewesen und die kastilianischen
Provinzialrenten hatten eine gewisse Steigerung erfahren, obwohl
ein stärkeres Anziehen der Steuerschraube in dieser Zeit nicht
stattgefunden hatte [1]. Zwar reizte die auswärtige Politik des ehr-
geizigen Kardinals das halbe Europa gegen Spanien zu einem Kriege,
der bekanntlich erst mit der Entfernung Alberonis aus seinem bisherigen Wirkungskreise sein Ende erreichte. Doch dauerten unter
Ferdinand VI. (1746—59), Karl III. (1759—88) und Karl IV. (1788—
1808) die Bemühungen der Regierung zur Besserung der spanischen
Wirtschaftsverhältnisse fort und brachten Handel und Industrie zu
neuem Leben [2]. Wie Uztariz und Ulloa unter Philipp V. die
leitenden Staatsmänner mit ihren Vorschlägen zu unterstützen suchten,
so traten in den späteren Jahrzehnten Männer wie Capmany, Castro
und vor allen der Direktor der Akademie der Geschichte zu Madrid,
Campomanes, welcher als Minister unter Karl III. und teilweise
auch noch unter Karl IV. auf den Gang der Regierungsgeschäfte
den entscheidendsten Einflufs ausübte, in ihren Schriften für die
Förderung der ökonomischen Lage ihres Vaterlandes ein. Leider
begannen mit dem 19. Jahrhundert die Verhältnisse sich wieder zu
verschlechtern. Die fortwährenden Kriege und die inneren Unruhen,
unter denen Spanien zu leiden hatte, übten selbstverständlich auch
auf seine Volkswirtschaft einen tiefgreifenden, schädigenden Einflufs
aus, der Abfall der spanischen Kolonieen versetzte dem Handel einen
harten Stofs, und bis in unsere Zeit hinein ist das unglückliche,
von Parteikämpfen zerrissene Land nicht wieder zur Ruhe gekommen.

Doch die Vorführung der Entwickelung der spanischen Volkswirtschaft lag ja nicht in unserer Absicht. Wir mufsten hierauf nur
deswegen näher eingehen, weil ohne diese Uztariz' und Ulloas Reformvorschläge nicht zu verstehen waren, deren Darlegung ihrerseits
wieder ein Bild von den theoretischen Anschauungen jener beiden

---

[1] Vergl. Uztariz a. a. O. Kap. 19 u. 105.
[2] Vergl. die Novissima Recopilacion, Buch VII—IX. Wir finden in diesen
Gesetzen sehr viele Vorschläge von Uztariz und Ulloa in die Praxis übergeführt.

Merkantilisten geben sollte. Vergleichen wir dieselben mit denjenigen Ansichten, welche fast allgemein als die Theorieen des Merkantilsystems hingestellt worden sind [1]), so werden wir Roscher nur zustimmen können, der sagt, „dafs das bekannte Bild, welches die Lehrbüchertradition von einem Merkantilisten zu entwerfen pflegt, immerhin auf manche unbedeutende Schriftsteller des 17. und 18. Jahrhunderts pafst, die bedeutendsten aber keineswegs davon getroffen werden. In einigen Punkten stimmen sie wohl damit überein, in einigen anderen, ebenso wichtigen sind sie völlig davon abweichend" [2]). Wenn Roscher dann weiterhin fordert, dafs die Litteratur des 16. und 17. Jahrhunderts in zwei verschiedenen Abschnitten zu behandeln sei, von denen der eine, den Kontinent betreffende, dann immerhin noch den Titel „Merkantilsystem" führen dürfe, der andere dagegen „ältere englische Schule" überschrieben werden müsse, so glauben wir auf Grund unserer Untersuchungen behaupten zu dürfen, dafs es beim Beginne des 18. Jahrhunderts auch auf dem Kontinent Merkantilisten gegeben hat, die, ähnlich den älteren englischen, Anschauungen vertreten, wie man sie für gewöhnlich nur bei den später erst zur Geltung gekommenen Wirtschaftssystemen vermutet. Im Hinblick hierauf aber ist auch die Auffassung Marlo's nicht von der Hand zu weisen, der neben den späteren Systemen den Merkantilismus ebenfalls als liberale Schule bezeichnet.

[1]) Vergl. hierüber das in der Einleitung Gesagte.
[2]) S. Roscher, Zur Geschichte der spanischen Volkswirtschaftslehre, Leipzig 1851. S. 122 f.

G. Pätz'sche Buchdruckerei (Otto Hauthal) in Naumburg a. S.